甲子園と
令和の怪物

柳川悠二
Yuji Yanagawa

小学館新書

はじめに

高校野球の歴史は、〝怪物〟が彩ってきた１００年の歴史とも言える。

早稲田実業の王貞治《おうさだはる》、１９６１年夏の甲子園を制した浪商（現・大阪体育大学浪商）の尾崎行雄《おざきゆきお》、作新学院の江川卓《えがわすぐる》、横浜の松坂大輔《まつざかだいすけ》。延長15回引き分け再試合までもつれた２００６年夏の決勝を争った早稲田実業の斎藤佑樹《さいとうゆうき》と駒大苫小牧の田中将大《たなかまさひろ》。そして、１００回目の全国高等学校野球選手権大会（18年）で準優勝した金足農業の吉田輝星《よしだこうせい》――。

初めて怪物と呼ばれたのは江川であるが、1年生の夏から甲子園で活躍した王をはじめ、ここに名を挙げた投手たちはみな、毎年7月から8月にかけて行われる地方大会、そして甲子園で、孤高のエースとしてマウンドに立ち続けた怪物ばかりだ。

とりわけ斎藤は甲子園における計7試合（決勝再試合を含む）をほぼひとりで投げ抜き、歴代最多となる９４８球を聖地で投じた。また、吉田は秋田大会の初戦から、甲子園決勝で大阪桐蔭に打ち込まれて降板するまで、金足農業のマウンドをひとりで守り続けた。この夏、吉田が投じた球数は最終的には1517球にものぼった。

彼らのような世代を代表する逸材がチームにいる場合、チームが勝ち上がる限り頼り続けるのは当然で、監督は「エースと心中《しんじゅう》」する以外の選択肢はなかった。

そして、酷暑の中、マウンドに上がり続けるエースをメディアはこぞって怪物として囃《はや》し立てた。ファンもまた、なりふり構わぬエースの姿に感動し、喝采《かっさい》を送った。

だが近年、とりわけ令和の時代に入ってからの高校野球は大きな変革期を迎え、甲子園での戦い方が様変わりしている。

地方大会からエースひとりで勝ち上がるような学校は皆無《かいむ》に等しく、甲子園では9イニングを継投で勝ち上がる学校が増え、背番号がふた桁の投手が先発することも、「1」を背負った投手が途中登板することも珍しくない。

ひとりの投手を酷使《こくし》する監督は批判の対象となり、連戦となる大会終盤にもなると、登板が続くエースを投げさせるのか、投げさせないのか、議論となる。

もちろんこれは、21年春のセンバツから導入された「1週間に500球まで」という球数制限に依るところも大きいが、それだけではない。高校野球界が、そしてメディアや世論が、未来ある高校生の投球障害予防に意識を向けるきっかけとなったのは、19年夏の岩手大会決勝における岩手県立大船渡高校の監督・國保陽平《こくぼようへい》の決断であった。

当時、32歳の青年監督は、同校にとって35年ぶりとなる甲子園切符が懸《か》かった花巻東との決勝のマウンドに、「令和の怪物」と呼ばれた佐々木朗希《ささきろうき》を出場させなかった。その理由は、「故障から守るため」――。

もし18歳の佐々木が、どこかに痛みを抱えていたり、肩やヒジに違和感があったりしたのなら國保を非難する者は誰もいなかっただろう。しかし、そうした顕在化した不安要素はなく、4回戦で194球を投げ、決勝前日の準決勝では129球を投じていた佐々木の疲労を鑑《かんが》み、國保は連戦となる決勝に起用しなかった。そして、佐々木や他のナインに、「登板回避」の意図を詳しく説明しないままプレイボールを迎え、為《な》す術《すべ》なく敗れたものだから、賛否両論が噴出する大論争となった。

私は、反・國保の急先鋒であった。といっても、佐々木の登板回避の是非を問題にするつもりはなかった。誰より教え子を近くで見てきた指揮官が、決勝前の状態を見て登板すべきではないと判断したことに、第三者が異論を挟むことはできないと考えたからだ。問題は、佐々木が投げないにしても、他に戦い方があったのではないか、という点だ。そして、当時の大船渡ナインに説明をせず、強い不信感を抱かせた疑念が拭いきれなかった。

その年の秋、私は岩手大会で起きたことの詳細と、令和の怪物の登板回避によって、直後に開催された第１０１回全国高等学校野球選手権大会では各校の戦い方が変貌《へんぼう》し、高校野球界が変革期を迎えたことを『投げない怪物　佐々木朗希と高校野球の新時代』（小学館刊）にまとめた。

だが、この本には決定的に欠けているものがあった。それは國保の証言だ。なぜ佐々木を投げさせなかったのか。なぜ、本人や他のナインに登板回避の意図を説明しなかったのか。なぜ32歳の青年監督は、全国の高校野球ファンが賞賛、あるいは激怒した驚天動地《きょうてんどうち》の決断が下せたのか。

19年夏以降、冷戦状態にあった私と國保が雪解けを迎えるにはちょうど1年の時間を要した。そして、千葉ロッテに在籍する佐々木が完全試合を達成した22年春、國保との距離はより近くなり、あの決断の真意、あの日の真相に迫ることができた。そう自負している。

本書は前著『投げない怪物』をベースとしながら、新たに國保やあの夏のナインらの証言を加えて再構成し、大幅に加筆・修正、改めて新書として世に送り出す一冊だ。

コロナ禍《か》による甲子園大会の中止（20年春夏）を経て、球数制限が導入された21年春以降、21年夏、22年春と、回を重ねるごとに高校野球は加速度的に変化を遂げている。22年現在、主流となっている甲子園の戦い方に迫ってみたい。

さらに、前著の発刊当時、野球強豪校から猛烈な勧誘を受けていた野球エリートの中学3年生が、その後、高校野球の世界でどう活躍し、そしていかなるステージに進んだのかを書き加えた。そのステップから、令和時代の高校野球の現実が理解できるはずだ。

投げない怪物の登場をきっかけに、21年春のセンバツでは、選手自らが「今日は投げるべきじゃない」と決断し、準決勝での登板を見送るということが起きた。22年春のセンバツでは、好投が続いていたエース左腕を監督が諭《さと》し、全選手を前に「準決勝は投げさせない」と告げた学校もあった。

監督が「エースと心中」する時代は終わりを迎えた。

それは同時に、今後、江川卓や斎藤佑樹や吉田輝星のような怪物が「甲子園」という舞台で生まれ得ないことを意味する。昭和、平成の時代の怪物と、「令和の時代の怪物」は、全く異質なかたちで高校野球の世界から次のステージに送り出されることになる。それを『甲子園と令和の怪物』と改題した本書で描き出していく。

（文中敬称略）

甲子園と令和の怪物

目次

プロローグ

「登板回避」を選んだ青年監督の退任

２０２２年４月10日の日曜日、千葉ロッテに入団して３年目のシーズンを迎えた佐々木朗希は、対オリックス戦（ＺＯＺＯマリンスタジアム）で完全試合を達成した。

打者27人に対して１本の安打も許さず、ひとつの四死球も与えず、日本プロ野球タイ記録となる19個の三振を奪ってわずか１０５球で試合を終わらせた。１９９４年の槙原寛己《まきはらひろみ》（巨人）以来、28年ぶり史上16人目の快挙であり、試合途中には13者連続奪三振という、プロ野球の新記録も樹立した。衝撃《しょうげき》の数字が並ぶあまりつい見過ごしてしまいがちだが、佐々木にとってこの試合がプロ入り後、初めて９回を完投したゲームだった。

翌日、私の足は自然と佐々木が小学４年生から高校時代までを過ごした岩手県大船渡市に向いた。３月に起きた地震の影響で、新幹線の福島―仙台間が不通となっていて、東京の自宅から公共交通機関を利用して大船渡に行こうとすると8時間はかかるということだった。それでも私を駆り立てたのは、佐々木の恩師である國保陽平に会いたいという一念だ。

完全試合から遡《さかのぼ》ること2年半前の2019年夏、岩手県立大船渡高校の監督である國保は、大騒動の渦中《かちゅう》にいた。佐々木を擁《よう》した大船渡は岩手大会を勝ち上がり、決勝に進出した。同校にとって35年ぶりとなる甲子園出場は目前だった。

ところが、國保は花巻東戦のマウンドに、佐々木を送らなかった。それまで4番を任せ、4回戦の盛岡第四高校戦では延長12回に決勝の本塁打を放っていた佐々木を野手としても起用せず、1打席も立たせなかった。

理由は「故障から守るため」。その是非が、大論争となった。

英断か、独善か

佐々木の「登板回避」を決めた監督の國保は1987年生まれ。高校野球界を揺るがす決断を下した当時、まだ32歳だった。

決勝「登板回避」の後、國保も佐々木も大量の報道陣に囲まれた

盛岡市出身の國保は岩手県立盛岡第一高校を卒業したあと、筑波大学を経て、わずか2ヶ月ではあるもののアメリカの独立リーグを経験した球歴を持つ。日本の野球とは異なる米国のベースボールに魅了《みりょう》され、日本の高校野球指導者となってからも、健康を管理しながら健全に成長を促すような指導を心がけてきた。

それゆえ、佐々木という国民の期待が注がれる逸材に対しても、スポーツドクターのアドバイスを受けながら登板間隔と球数に配慮して指導してきた。大勢のスカウトが訪れようとも、東京からメディアの大群が岩手まで押し寄せようとも、そうした外野に配慮することなく佐々木の起用を見送ることも度々あった。

あの夏の岩手大会は序盤から雨に見舞われ、4回戦以降は超過密日程となっていた。佐々木も登板が続いた中、準決勝（7月24日）の翌日が決勝（7月25日）となった。春からの戦いを見る限り、國保が決勝での佐々木の先発起用を回避することは、十分に予想できた。意外だったのは、大エースの代わりにマウンドに上がった先発投手だ。

甲子園切符が懸かる大事な一戦に國保が送り出したのは、決勝までの5試合で、一度も登板機会がなかった柴田貴広《しばたたかひろ》だったのだ。その日のスコアブックの欄外《らんがい》に、私は「ご乱心か……」と書いたことを覚えている。春先から公式戦、練習試合に足を運んできて、柴田は実質5番手の実力に位置づけられる投手だった。

花巻東との決勝が始まると、極端に三塁側にインステップする右サイドスローの柴田は初回から失点を重ねた。私は大船渡がピンチを迎える度に、ブルペンの動きを注視していたが、佐々木や他の投手が準備する様子はまるでなかった。

ようやくベンチが動いたのは9点をリードされた7回だ。國保が2番手として起用したのは、これまた岩手大会で登板機会のなかった2年生左腕・前川真斗《まえかわまなと》だったが、既に試合の大勢は決していた。

エースで4番の佐々木を欠いた大船渡は、菊池雄星《きくちゆうせい》（現・ブルージェイズ）や大谷翔平《おおたにしょうへい》（現・エンゼルス）を輩出し、近年の岩手の高校野球をリードしてきた花巻東に2対12と大差で敗れてしまう。

甲子園出場を目前にしながら、その年のドラフト最注目投手を起用せず、為す術《すべ》なく試合に敗れた采配の是非が、その後に国民的論争となった。

「令和の怪物」と呼ばれながら、骨格がいまだ成長段階にある佐々木の将来を守った決断は英断だったのか。それとも高校球児なら誰もが夢見る甲子園出場の夢をプレイボールの瞬間から諦めていた独善的采配だったのか。

試合後、学校には采配に納得できない高校野球ファンなどから苦情の電話が殺到し、その数は250件以上に及んだという。クレームの中には「会見を開いて(なぜ佐々木を投げさせなかったのか)説明しろ」という声もあった。

勝負を諦めていた?

この年の岩手大会において、2回戦からの登場となった大船渡は、雨による中止の影響によってちょうど10日間で6試合を戦うという日程を強いられた。決勝までの日程、対戦校名と結果、そして佐々木がその試合で投じた球数をまずは記す。

7月16日　2回戦　遠野緑峰　14対0(5回コールド)
　佐々木は2回零封で降板　球数19
7月18日　3回戦　一戸　10対0(6回コールド)

佐々木は6回零封　球数93
7月21日　4回戦　盛岡四　4対2（延長12回）
佐々木は2失点完投　球数194
7月22日　準々決勝　久慈　6対4
佐々木は出場なし
7月24日　準決勝　一関工　5対0
佐々木は9回完封　球数129
7月25日　決勝　花巻東　2対12
佐々木は出場なし

この期間中の出来事については第1章で詳しく書いていくが、一見して目立つのは4回戦の球数だ。シード校であり、最初の山場となった盛岡四との試合で、先発した佐々木は12回を投げ切るまでに194球を投じた。その身体を案じながら、佐々木の高校野球生活を見守ってきた國保が、100球を超えてなお佐々木を投げさせるようなことはそれまでほとんどなく、194球という球数は、佐々木にとっても未知の領域だった。夏の高校野球はサドンデスの戦いだ。9回に追いつかれ、延長戦に突入した緊迫ムードの中で、國保は佐々木に降板を命じられなかったのだろう。

大会後、大量に出現した論者たちが指摘したのは、4回戦での「投げすぎ問題」に加えて、準決勝での起用法への疑問だ。公式戦で連投したのは2年秋のわずか一度だけという佐々木に対して、決勝を見据えて準決勝こそ登板を回避すべきだったのではないか。あるいは、初回に2点、2回と3回に1点ずつを奪い、大船渡の攻勢が序盤から続いていたのだから、翌日の決勝での登板に備えて途中降板させても良かったのではないか――つまり決勝から逆算して佐々木を起用すべきではなかったかという指摘である。

だが、私は選手を誰より近くで指導してきた監督が下した、投げる・投げないの是非を問うことには強い違和感を覚えていた。報道陣には明かすことのできない問題を佐々木が抱えていた可能性だって否定できない。

むしろ問題は決勝の戦い方に、佐々木や他のナインが納得していたか、だ。

どうして先発が5番手投手だったのか。どうして序盤に失点した時点で他の投手の起用を考えなかったのか。なぜ先発に次いでマウンドに送り出したのが2年生投手だったのか。見ている限りでは、それまで出場機会のなかった選手に「記念登板」の機会を与えたようにすら映った。

私には佐々木の将来を守ろうとするあまり、端《はな》から勝負を諦め、佐々木を含むすべての部員が共有する甲子園への夢を、甲子園を目前にした決勝の戦いを、蔑《ないがし》ろにするような采配にしか見えなかった。ゆえに、直後から國保を痛烈に批判する原稿を何本も書いた。

その一方で、甲子園という大願を目前にした試合で、大エースの身体を守るために登板させなかったという國保の英断が、高校野球に大きな変革をもたらす——そんな気もしていた。

実際、岩手大会の直後に開催された夏の甲子園では、エースに過度な登板を課すような采配は消え、複数投手の継投で勝ち上がるチームが増え、ふたりの看板エースを擁する大阪の私立・履正社《りせいしゃ》が頂点に立った。高校野球に大きなうねりが生まれていた。

その年の秋に、私は夏の岩手大会で起きたことの詳細と、令和の怪物の登板回避によって高校野球界が変革期を迎えたことを拙著『投げない怪物』にまとめた。ちょうど、佐々木がドラフトで千葉ロッテから1位指名を受けた直後の出版だったが、最後まで國保から決断の真意を聞くことはできなかった。國保はあの日の決断の真相について、あらゆるメディアに対して貝になり、口を閉ざしていた。

それゆえ、拙著の出版以降も、私はしつこく岩手に通い、國保から真意を聞くチャンスをうかがった。ところが、國保は私に対し、強い抵抗を見せ続けた。

19年秋の岩手大会に訪れた時は、敗戦後の囲み取材で私の質問にだけ無言を貫き、現場の空気を凍り付かせた。納得できない私は、囲み取材が終わったあとも國保を追いかけた。すると、岩手高野連の本部室に逃げ込むように入り、私を排除してほしいと身振り手振りで高野連関係者に訴えていた。

1年後の告白

冷戦状態にあった私と國保の関係に変化が訪れたのは、登板回避を巡る騒動からちょうど1年後、2020年の7月だった。

コロナ禍によって岩手県の独自大会となったこの夏の初戦（大槌《おおつち》戦）の日、國保は鉄仮面のような表情で指揮していた1年前とは違い、ニコニコしながらベンチでサインを出していた。勝利した試合後、声をかけようと近づくと、やはり1年前とはまったく違う笑顔で、歩み寄って来た。ふたりで1年前の喧騒を懐かしむように振り返ったあと、「令和の怪物」と呼ばれた逸材を預かる重圧について、口にし始めた。

「(佐々木を)壊しちゃいけないというプレッシャーがあった。世界の野球の歴史を変えるかもしれない才能を、壊さずに次のステージへつなげなければならない。そう思っていました」

あの決断は本当に正しかったのか。國保は自問自答し、逡巡《しゅんじゅん》する日々を送ってきたと告白した。この日のやりとりは第2章で詳述するが、何よりも私は國保が突然、雪解けムードに転じたことに戸惑っていた。あれほど忌避《きひ》していた私の取材をなぜ受ける気になったのか。それを問うと、國保は満面の笑みでこう答えた。

「私も当時はムキになっていた部分もあるんです。あれだけ詰めかけた報道陣も、今では他に誰も来ませんから……」

國保はやや偏屈《へんくつ》なところがある人物だ。あの夏以降、携帯電話に登録してあったスポーツ紙記者の番号をすべて着信拒否にしたという。大メディアに勤務する大学の先輩からの依頼であっても、決して単独取材に応じることはなかった。ひとりの取材に応じれば、依頼をすべて受けざるを得なくなる。だから國保は公式戦の日にだけ限定して取材に応じたのだ。私と國保の距離は一気に近づいたが、いつまで経っても携帯電話の番号だけは教えてもらえず、話を聞くには岩手で行われる公式戦に足を運ぶしかなかった。

衝撃の事実

２０１９年の岩手大会決勝から2年半の時間が経過し、不本意な形で甲子園の夢が潰《つい》えた佐々木が、プロの世界で完全試合を達成する。国内のメディアは真っ先に國保のコメントを求めたが、大船渡の教頭はつれなくこう回答するのみだった。

「もううちの生徒ではありませんから、すべてのメディアに対しコメントは出しません。國保とも電話をおつなぎすることはできません」

正面からの依頼では國保を取材することなどできない。だからこそ、私は完全試合の翌日、大船渡に向かったのだ。大船渡に行けば、國保と会うチャンスがあるのではないか。

國保と対面さえできれば、私の取材にだけは応じてくれるような気がしていた。

大船渡に到着した私は、まずは同校で外部コーチを務めている新沼丞《にいぬまじょう》を訪ねた。すると、衝撃の事実を知らされた。

「あの騒動後、多くのクレームが学校に寄せられ、OB会からも監督の交代を求める動きがあった。それが関係しているかわかりませんが、昨年（21年）の夏をもって、國保さんは監督を辞めています。練習にも顔を出してこなかった。野球部に居づらかったのかもしれません」

佐々木の快挙は、國保が下した登板回避の決断が、正しい判断であったと証明することになった。騒動の最中、あるいは騒動が収まったあとも、苦悩を抱えてきた國保が指導者として報われた教え子の快挙であったはずだ。いまや、あの日の國保の決断を非難する者はいない。

それなのに当事者は既に監督を退いていた。

第1章

令和の怪物の「短すぎた夏」

——2019年

大船渡の監督だった國保陽平の決断の真意――。そして、「令和の怪物」と呼ばれた佐々木朗希を甲子園切符の懸かった岩手大会決勝で投げさせないという〝事件〟が、いかにして高校野球の常識を覆《くつがえ》し、地方大会や甲子園の戦い方に変革をもたらしたのか――。

本題に入っていく前に、改めて2019年夏の岩手大会を勝ち上がっていった大船渡に何が起きたのかを、3年の時を経る中でわかってきたことも含めて綴《つづ》っていく。

采配への疑問

2019年の高校野球の話題は、佐々木朗希一色に染まっていた。

同年4月に行われたU‐18高校日本代表第一次選考合宿において、紅白戦のマウンドに上がった当時17歳の佐々木の直球は163キロを記録した。同じ岩手から米国へと巣立っていった大谷翔平の花巻東時代を上回る異次元のスピードだった。ちょうど新元号が決まったタイミングということもあり、佐々木には「令和の怪物」の称号が即座に与えられた。

190センチの長身から、左膝をアゴのあたりまで高く上げ、右腕を鞭《むち》のように鋭くしならせ、振り下ろしていく。豪快なフォームから投じられる剛速球に加え、縦と横のスライダーにカーブ、フォークボール、チェンジアップと、多彩な変化球も器用に操《あやつ》ってゆく。

佐々木の登板日ともなれば、スーツ姿のプロのスカウトが大挙して訪れ、佐々木が降板するや、ぞろぞろと引きあげていく。彼らが残すのは礼賛《らいさん》ばかりだった。

「江川卓以来の豪腕」

「すぐにでもプロで通用する」

「（メジャーリーグの）サイ・ヤング賞を狙える素材」

甲子園に一度も出場していない佐々木に対する報道も過熱し、東京からはるばる大勢のメディアが岩手を訪れ、地元テレビ局の女子アナも、スピードガンを手にして佐々木の球速を測るなど、佐々木と大船渡の周辺にはいつも喧騒《けんそう》が広がっていた。

一方で、注目度が高まるにつれて大船渡は取材規制を強めていた。学校のグラウンドで練習を見学することも禁止され、１６３キロを記録してからは、練習試合後の取材も禁止となった。

それでも私は大船渡の練習試合や全公式戦に足を運んだ。そして、夏が近づくにつれ、青年監督の采配について疑問を抱くようになっていく。

最初は5月に岩手県九戸郡《くのへぐん》野田村のライジング・サン・スタジアムで開催された春季岩手大会1回戦だった。この大会には、夏の岩手大会のシード権が懸かっていた。甲子園を目指す大船渡が、夏の岩手大会で花巻東や盛岡大附属をはじめとする県内強豪私立との連戦をなるべくなら避けたいと考えるのは当然で、ナインにとっては軽視できない大会だった。

相手は大船渡と同地区の釜石。國保は先発マウンドに、背番号「10」の和田吟太《わだぎんた》を送った。大船渡と釜石は度々、練習試合も行っており、両校の実力差からして、控え投手の先発も十分に予想されたことだった。

ところが、初回に和田が連打を浴び、4点を先制されてしまう。大船渡は2回に右翼を守っていた4番・佐々木が四球で歩くと、木下大洋《きのしたたいよう》に左中間に飛び込む2点本塁打が飛び出し、追撃を開始する。

予想外の出来事が起きたのは、試合が中盤から終盤へと差し掛かる6回表だ。2対4とリードされた大船渡が、1死一、三塁のチャンスを迎えた。國保は、前の打席で本塁打を放っていた5番の木下に送りバントを指示する。セットポジションに入った投手に対し、打席に入った木下はバットを寝かせた。

念のために強調しておく。「1死一、二塁」ではなく、「1死一、三塁」の場面だ。定《じょう》石《せき》なら強攻、もしくはスクイズだろう。それを三塁走者を塁上に足止めにしたまま、一塁走者を二塁に進めるためだけに、わざわざアウトをひとつ献上《けんじょう》したのだ。サインミス、もしくはセーフティバントかとも思ったが、試合後の國保はそれを否定し、こう振り返った。

「夏の大会の勝利を目指していく中で、1番、3番、4番、5番の4人に頼ってばかりでは苦しい。後ろの打者も活躍しようということで、ああいうこと（送りバント）になりました」

サインを出さなくなった監督

要するに、下位打線にチャンスの場面で打席に立たせ、結果を残すことで自信をつけさせたい。そのために、併殺《へいさつ》の恐れのある強攻ではなく、一塁走者を進めるだけのバントを選択したという。その説明を聞いても、「?」は消えない。チームの勝利よりも、個人の経験を優先させたと國保は力説した。

相手捕手は、ケガの正捕手に代わって出場していた控え選手で、決して肩が強くなく、「盗塁」も考えられた場面だった。一塁走者は、50メートルを5秒台で走るという俊足の佐々木で、走らせれば高い確率でセーフになっていたはずだ。國保は続けた。

「ここが僕の弱さだと思うんですけど、相手の弱いところを突く野球が、(高校野球として)果たして相応《ふさわ》しいのか。そういうことを考えてしまって……。結果的に負けてしまったのだから、(采配は)良くなかったのでしょう」

國保の迷采配はこの送りバントだけではなかった。大船渡は8回に4対4の同点に追いついたものの、延長10回に和田が力尽き、サヨナラ負けを喫した。リードされていた場面でも、延長に入った緊迫の場面でも、國保は佐々木や他の投手を準備させず、佐々木は右翼の守備位置から敗戦の瞬間を見届けた。國保は言った。

「高校野球は部活動であります。圧倒的に(佐々木の)ワンマンチームになりそうなところ、この春の大会ではチームの総合力を上げたかった。投手陣は佐々木朗希ひとりに頼らず、全員で戦おうという気持ちを固める目的もあった。まあ、（ひとりの投手しか起用しないまま）今日で終わってしまったんですけど……」

チャンスで回って来た主軸に逆転を託《たく》すよりも、力の劣る下位打線の奮起《ふんき》を期待する。日本中が注目する令和の怪物のワンマンチームにはならないように、控え投手にもチャンスを与え、チーム全員で戦おうと意識づける。

前述した通り、國保は公立の盛岡一高の出身で、筑波大を経て米国独立リーグも経験した。大船渡では体育科の教員を務める。目先の勝利よりも、選手の身体を守り、選手全員の成長に期待するという言葉は、野球指導者というより教育者として美しく崇高《すうこう》な姿勢なのかもしれない。

勝利至上主義を貫く私立の監督とは対極に位置する監督だ。だが、勝利を目指すという前提は、監督である以上、保持していなければならないだろう。國保の姿勢は、高校野球の現場ではあまりに異質だった。

そして、総力戦で臨むと話したわりには、和田には完投を強いている。國保の言葉と采配には矛盾《むじゅん》も感じられた。取材を続ける報道陣も混乱するばかりだった。

「先発した和田吟太が一生懸命投げていたので、なんとか、このまま勝ちをつけてあげたいなと思って、引っ張りました。今日投げた球数は120球ぐらいだったと思うんですけど、和田は冬の間にピッチング練習をたくさんして、右肩が出来上がった状態でこの大会を迎えた。佐々木の場合はなかなかそういうことにならずに、(仕上がりが)遅れた状態でここまで来ています」

結果的に大船渡は春の岩手大会1回戦で敗れ、夏はノーシードで戦うことになった。

佐々木は試合後にあの送りバントのシーンを淡々と振り返った。

「点を取るための作戦。それが(監督の)指示だったと思うので、しようがないと思います」

のちに國保が明かしたことによると、あの送りバントは指示を取り違えた木下のサインミスだった。國保はミスした選手をかばうあまり、苦し紛《まぎ》れ・その場しのぎの説明をしたわけだが、大勢の報道陣を前に國保もパニック状態にあったのかもしれない。

高校野球の監督を、まして公立高校の指揮官の采配を、プロ野球の監督と同じように批判することは御法度《ごはっと》だろう。だが、サインミスを抜きにしても、國保の采配はあまりに不可解だった。そして、采配の意図を選手がどれだけ理解していたのか、疑問は募るばかりだった。もしかしたら、夏の大会も佐々木が登板することなく、終戦を迎えるのではないか。そういう疑念が巡った。

とりわけ気になったのは、春季大会の采配によって大船渡のナインに強い不信感が芽生《めば》えたことがうかがえる点だった。

もともと、ベンチから積極的にサインを出す監督ではなかったが、この日以降、完全な「ノーサイン野球」になった。監督が攻撃前の円陣に加わって選手を鼓舞《こぶ》するようなシーンはなく、打席に入った選手が、監督をまるで見ようとしない。

選手と監督との間に、深い溝が生まれているように私には見えた。

194球の代償

公式戦の試合後は、佐々木や監督の國保だけでなく、大船渡のナインを取材する貴重な機会だった。2019年5月の春季岩手大会・沿岸南地区予選の試合後、報道陣は捕手の及川恵介《おいかわけいすけ》への取材を要請した。佐々木が野球を始めた陸前高田《りくぜんたかた》市立高田小学校時代の同級生で、女房役である及川の苦労話や、配球に関する話題は誰しも興味があった。

ところが、取材場所に及川が現れない。野球部長である吉田小百合《よしださゆり》は、「チーム事情」を理由に及川への取材要請には応じないと岩手県高等学校野球連盟を通じて説明した。さらに、会見に立った佐々木に対して、「今日はフォークボールを投げましたか?」という質問が飛ぶと、吉田がやはり、「戦略上の都合でお答えできません」と、横やりを入れた。

日頃の練習試合から大量の報道陣が詰めかけているのだから、個別の取材にいちいち対応していたらきりがなく、ある程度の制限をかける学校側の判断は当然、理解できた。だが、そうした個別の取材に応じられる状況にないからこそ、公式戦後の取材機会は貴重なのだ。それすら拒否するほど、大船渡の関係者は取材に対して神経質になっていた。

中心選手である及川らへの取材を規制するのは、彼らを余計なプレッシャーにさらしたくないという配慮なのだろう。また夏の岩手大会で甲子園を目指す大船渡の前に立ちはだかるであろう、第1シードの花巻東や盛岡四、盛岡大附属にバッテリーの情報を漏らしたくないという判断でもあったかもしれない。

しかし、こうした厳しい規制により、國保の考えやそれがどれほどチームに共有されているのかは、非常に見えづらくなっていた。

夏の岩手大会開幕を前にした最後の週末であった7月6日と7日、大船渡は練習試合を行い、佐々木も連日、マウンドに上がった。連投となった7日の盛岡第一との試合では20個もの三振を奪って完投。150キロ台のストレートを連発し、左打者にはチェンジアップ、右打者にはフォークボールと、落ちるボールを有効に使っていた。

意外だったのは、あれほど投球過多に敏感だった國保が、佐々木に連投を命じ、さらに2戦目に完投させたことだ。それは6日間で4試合を戦う予定となる岩手大会終盤の連戦を想定した試験的登板に違いなかった。

そして、いよいよ岩手大会が開幕する。14対0と大勝した7月16日の岩手大会初戦・遠野緑峰戦で、佐々木は2回を投げただけでお役御免《やくごめん》となり、続く18日の一戸戦にも先発。6回参考記録ながら、ノーヒットノーランを記録し、被安打0のまま大きな山場となる第2シード・盛岡四との4回戦（7月21日）に臨んだ。

先発した佐々木は公式戦における自己最速となる160キロをマークし、延長12回までに奪った三振は21を数えた。岩手県営野球場のスピード表示はアベレージで150キロ台中盤の数字を表示し、プロ野球でも見られないような剛速球ショーだった。「令和の怪物」の称号に相応《ふさわ》しい内容だったが、球数が194球にも達して議論の的となったことは、既に述べた通りだ。

この日、試合を決めたのも佐々木だった。（延長13回から無死一、二塁で開始される）タイブレークも脳裏《のうり》にちらついた12回表に、右打者の佐々木にとっては逆方向となる右翼席に弾丸ライナーで飛び込む2点本塁打を放ち、そのリードを佐々木自身が守り切った。試合終了の瞬間、緊張の解けた佐々木の目には安堵《あんど》の涙があふれていた。

その後の取材では、疲労困憊《ひろうこんぱい》の佐々木を考慮し、座った状態で話ができるようにパイプ椅子が用意されていた。だが、佐々木は「立って話した方がいいです」と穏やかな笑みを浮かべた。

「負けたら終わりというプレッシャーはあった。これからは連戦になる。チーム全員で戦っていけば、勝つことができると思います。この仲間と野球ができるのは、この夏が最後。その喜びを噛《か》みしめながら、プレーしていました。160キロ？　自分ではそこまで速いとは思わなかったですし、質の良いボールではなかったです」

左足を高く上げる独特のフォームから剛速球が繰り出される

160キロを打席で体感した盛岡四の選手は清々《すがすが》しい表情でこう振り返っていた。

「160キロの次のボールは、140キロのフォークでした。直球かなと思った瞬間、ボールが視界から消えた（結果は三振）。高校生が打てるボールではありません」

大船渡にとって苦しい試合だった。國保にとっても、判断に迷う試合だった。2対0とリードしていた最終回の守りで、佐々木は2失点を喫して、試合は延長に突入してしまう。

その結果、想定外の球数を投じることになってしまった。194球という球数は、佐々木にとって公式戦では最多だった。この緊迫した展開の中で、佐々木を続投させるにしても、力の落ちる控え投手を起用するにしても、國保には大きな勇気が必要だったに違いない。本心としては継投策に出たかったはずだ。だが、勝利のためには、佐々木の続投以外の選択肢は難しかった。

試合後の國保はいつものフレーズを口にした。

「今日もケガなく終われて良かったです」

エースの温存

大船渡の試合は連日、徹夜組を含めて高校野球ファンが球場を埋めた。12時半開始予定の試合に、プロのスカウトが早朝5時に来て開場を待つ列に並び、バックネット裏の良席を確保するのも異例の光景だった。

盛岡四戦の翌日に行われた準々決勝の久慈《くじ》戦で、國保は佐々木の疲労を考慮してマウンドに上げず、ここまで4番を打っていた佐々木を野手としても起用しなかった。久慈もシード校とはいえ、盛岡四と比べれば力は落ちる。登板回避も当然の判断だろうし、佐々木も納得の上だったはずだ。佐々木の肩やヒジの疲労に配慮してきた國保なら、公式戦で

194球を投げた翌日に連投を命じることなどあるはずがない。この日の采配に異論を唱える者はいないだろう。

久慈戦の勝利後に國保は、第三者にも意見を仰《あお》ぎ、佐々木の起用を決めていると明かした。

「年間を通して選手にアドバイスをいただいている理学療法士の方、医師、トレーナーの方。さらには球場の雰囲気や相手の対策、自分たちのモチベーション。いろいろなことを複合的に判断して、起用を決めています」

ただ、佐々木に登板を回避させたことで、大船渡は思わぬ苦戦を強いられることになった。佐々木の代わりに先発した身長160センチの大和田健人《おおわだたけと》が、4点をリードした5回までパーフェクトピッチングを見せた。ところが、初安打を許した6回に2失点、7回にも2点を奪われ同点に追いつかれてしまう。

「イニング途中で、(2番手投手を)行かせても良かったかもしれないですけど、子どもたちが一番力を発揮しやすいのはイニングの頭からかなと。プロなら途中からでも抑えられるかもしれませんが……」(國保)

結果、盛岡四戦と同様、交代のタイミングを逸し、大和田を引っ張りすぎてしまった。10回裏には大和田に代わってマウンドに上がっていた和田吟太が一打サヨナラのピンチを招く。

まさか佐々木の出場がないまま敗れ去るのか。球場全体が不穏な空気に包まれた。

和田や捕手の及川らナインの多くは、佐々木が中学3年の秋に所属したKボール（素材はゴムながら硬式球と同じ大きさ、重さのボールを使用する野球）の地域選抜「オール気《け》仙《せん》」のチームメイトだ。彼らと甲子園を目指すべく、佐々木は花巻東や盛岡大附属といった県内強豪私立からの条件の良い勧誘を断り、公立の大船渡に進学した。この日の試合後、佐々木はこんなことを漏らした。

「この仲間と、甲子園を目指したかった。自分が試合に出たいとかじゃなく、自分が勝つためにできることをやって、その結果、チームが勝てばいいと考えています。負けたら終わりだという覚悟は常に決めている。（もし出場しないまま敗戦となっても）仲間が必死にプレーしてくれていた。悔いはなかったと思います」

11回に2点を勝ち越し、大船渡は久慈に勝利した。佐々木を温存し、チームが一丸となって勝利を手にした――試合後はそんな美談仕立ての報道が相次いだ。

それでもやはり、エースであり、4番でもある佐々木が試合に出ることなく敗れ去りかねない試合展開を、選手たちが納得していたのかという疑念は残った。登板回避はいたしかたない判断としても、野手として、あるいは代打として出場させる選択肢はなかったのか。私は國保がパニック状態に陥り、冷静な判断ができていないのではないかとさえ思っていた。

相変わらず、ベンチから具体的な作戦の指示が出ている様子はなかった。バントや盗塁の判断は選手に一任されていた。久慈戦後、そのことを國保に問うと、ややムキになってこう返した。

「ノーサインのように見えるかもしれませんが、いろんなこともやっています。すべては結果論。負けていたら、動かなかったね、と言われるだけ」

9回に盗塁を決め、チャンスを広げた右翼手の三上陽暉《みかみはるき》は、「ノーサイン」であることを認め、続けてこう証言した。

「サインはないので、（盗塁は）自分で決めたこと。何が最善策か、その場、その場に立っている選手が考えて、戦っています」

佐々木は「國保監督はプレーしやすい環境を作ってくれる。自分はベストを尽くすだけ」と話した。ベストを尽くせたならば結果はすべて受け入れる。それが佐々木の言った「覚悟」なのだろう。

194球を投げた4回戦から中2日が空いた7月24日が準決勝で、その試合に勝利すれば決勝は連戦となる。

「一冬を越えて、身体も強くなりましたし、ベストコンディションに持っていく方法を学んで、実践しています。去年の夏とは疲れ方が違う。（準決勝・決勝の）連投はできないということはない。頑張りたい」

佐々木はそう語っていた。

大船渡と同じ公立校で、ノーシードで勝ち上がってきた一関工との準決勝――。序盤から援護をもらった佐々木は、脱力したフォームで、球威よりも制球を重視する〝省エネ投法〟で手玉にとり、5対0で勝利した。

球数は129。点差は5点だったが、序盤で勝負が決していたような試合進行で、球数ほどの疲労感は佐々木になかったのではないだろうか。

舞台は整った。当然、翌日の決勝のマウンドにも上がると思われた。

投げなかった怪物

ところが、決勝の先発マウンドに、佐々木の姿はなかった。

32歳の國保は、投手としても野手としても、佐々木を起用しなかった。佐々木は大船渡にとって35年ぶりとなる甲子園切符の懸かった大一番に、ユニフォームを汚《よご》すことなく仲間の戦いをベンチから見届けることしかできなかった。

試合終了直後、より多くの報道陣が集まったのは甲子園出場を決めた勝者ではなく敗者の指揮官だった。取材の冒頭から、佐々木の登板回避に関する質問が飛び、國保は次のように答えた。

「故障を防ぐためです。ここまでの球数、登板間隔、気温……投げられる状態にあったかもしれませんが、私が判断し、投げさせませんでした。もちろん、私が『投げなさい』と言えば、本人は投げたと思うんですけど、私にはその判断ができませんでした。展開次第で、試合途中からマウンドに上げるつもりも、ありませんでした」

ケガや肩ヒジの違和感があったわけでもないのに、なぜエースを投げさせなかったのか
――メディアの追及が続く中、バックネット裏から心ない野次が飛んだ。

「本気で甲子園さ、行ぎたくねえのか！」

間髪《かんはつ》を容れず、大船渡の応援席から國保やナインを擁護《ようご》する岩手訛《なま》りの声も飛んだ。

「やめろー、そんな罵声《ばせい》を浴びせるのはやめろー」

思わぬ形で起こった観客席の口論に、國保は動揺を隠せなかった。唇《くちびる》を噛みしめ、天を見やり、報道陣にこう告げた。

「一度、ここで（グラウンドでの取材を）終わらせていいですか？」

この日、決勝までの5試合で登板がなかった変則右腕の柴田貴広を先発のマウンドに送ったことについて、國保は「（柴田が）大会前の練習試合で、とりわけ強豪私立を相手に好投が続いていた」という説明をした。

だが、春からの戦いを見る限り、柴田はチーム内で実質5番手の実力に位置づけられる投手である。しかも、左打者が多い花巻東打線に、腕の出所が見やすい右下手投げ投手の

起用は、いわば定石《じょうせき》から外れる選手起用だろう。

柴田は初回から強打の花巻東打線に捕まり、6回までに9点を奪われてしまう。2対12と大敗した試合後の柴田は大粒の涙を流し、ひとりで敗戦を背負い込んでいた。

「朗希たちの夢を壊してしまって……申し訳ない」

「朗希たちの夢」は、柴田の夢でもあったはずだ。あえてそう口にしたことで柴田の苦しい胸の内が表面化されていた。

初回から苦しい場面が続いた柴田に対し、國保は伝令を送って落ち着かせるようなことは一度もせず、ピンチが続いても誰もブルペンで準備させず、ふたり目の2年生左腕を投入したのは大勢が決した7回だった。

試合後、國保に「勝機があるとしたらどのような展開を想定していたか」という質問が飛んだ。表情を変えず、國保はこう答えた。

「30対29のような、打ち合い」

その回答に、報道陣から失笑が漏れた。多くは冗談のように受け流していた。が、私はとても笑う気になれなかった。「エースで4番」を起用せず、29失点を覚悟して30点取らなければ勝てないと本気で考えていたなら、もはや野球ではない。端《はな》から勝負を投げ出していたようなものだ。

準決勝の起用法に関しても質問が飛んだ。決勝での登板を見据え、準決勝の登板を回避して温存する考えはなかったのか。國保はこう明かした。

「その質問は必ずあると思っていましたが……準決勝は（準々決勝で起用しなかったために）中2日で投げられる状態だった。まずは決勝に行くために、準決勝で朗希を起用しました」

つまり目の前の勝利、準決勝の勝利に注力したということだ。しかし、その結果、決勝で佐々木を登板させることができず、大船渡は甲子園出場を逃した。

決勝の日の朝、國保は佐々木に「先発では起用しない」ことを伝えていた。だが、「リリーフとしても野手としても、起用するつもりがない」とは伝えていない。それは他のナインに対しても同じだった。それゆえ、大船渡の選手たちは佐々木の登板を信じ、できるだけ負担のない形でマウンドに上げようと、花巻東に食らいつこうとしていた。

佐々木を起用するつもりがなかったのなら、それを選手に伝えておくべきではなかったか。選手たちとコミュニケーションが欠けていたのではないか——。

今か、将来か

公立の大船渡は1984年の春夏甲子園に連続出場し、選抜高等学校野球大会（センバツ）では岩手県勢として初めてベスト4に進出。その快進撃は「大船渡旋風《せんぷう》」と呼ばれた。当時、大船渡の三塁を守っていた木下清吾《せいご》を父に持つ主軸の木下大洋は決勝後、「もうちょっと相談してほしかった」と指揮官に対する素直な感情を吐露し、こう続けた。

「昨日（の準決勝で）、朗希も129球を投げて、身体に張りがあったとは思うんですけど、朗希が『投げたい』『みんなで甲子園に行きたい』と言っていたんで……やっぱり投げさせてほしかったというのは正直なところあります」

準々決勝で先発した大和田健人が、ブルペンに向かったのは5回だった。

「（投手起用に関して監督から説明は）ないです。ブルペンに行ったのも、監督の指示ではなく、自分の意思で準備しました」

佐々木もどこかで監督に起用の意思がないことを察したのだろう。ベンチでは座りながら声援を送ることが多く、ブルペンに向かうどころか、キャッチボールさえやらなかった。「高校野球をやっている以上、投げたいという気持ちはありました。（投げられなかったことよりも）負けたことが悔しいです」（佐々木）

決勝までの5試合中、4試合で計435球を投げていた佐々木の右腕がどんな状態にあったかは本人と國保にしかわからない。何度も繰り返すが、「登板回避」という判断を批判するつもりは当時も現在も、まるでない。私が納得できなかったのは、佐々木を起用しないにしても、他に戦い方があったのではないか、という点だ。大一番に起用した投手が、2番手、3番手となる和田や大和田ではなく、なぜ5番手の柴田と2年生投手だったのか。あの日、最も困惑していたのが、柴田だった。なぜ自分なのか——。それまで一試合も起用されていないのだから、柴田が誰より動揺していたに違いない。

私には、國保が佐々木抜きでも勝利し得る策を講じたようにはとても見えなかった。すべてをひとりで判断して、ナインが納得しないまま甲子園の夢が絶たれたように見えてならなかった。

準決勝から決勝までの間に、佐々木が右肩や右ヒジの違和感や痛みを訴えていた可能性も私は考えていた。秋のドラフト指名を見越して、監督と佐々木との間で、肉体の異常を秘した上で登板を回避した――こうした事実が隠されていたのなら、國保の迷采配にも納得はいく。

しかし、岩手大会の約1ヶ月後に行われたU－18ベースボールワールドカップ（野球W杯）に佐々木は参加した。もし故障があったのなら、國保や佐々木は「辞退」という判断を下していただろう。

佐々木も國保に対して、登板を直訴《じきそ》する気はなかったのだろうか。

U－18侍ジャパン（高校日本代表）を率いた永田裕治《ながたゆうじ》は、ワールドカップが開催された韓国の地で、佐々木という野球人を、こう表した。

「あまり自己主張をする子ではありません」

試合の日の夜、私は智弁和歌山の元監督である高嶋仁《たかしまひとし》に電話を入れた。甲子園の歴代最多勝監督は「どうこう言える立場にない」と前置きした上で、こう話した。

「僕なら選手の〝今〟をとる。あそこ（大船渡）の監督さんは〝将来〟をとった。それだけのことやと思うんです。しかし、選手はそれで納得しているのか。その点が引っかかります。僕やったら、決勝に至る過程でできるだけ使わないようにして、万全の状態で決勝に登板させましたね」

近畿地区の名門私立である智弁和歌山と、岩手県の沿岸部にある公立校である大船渡では、選手層も大きく異なり、同じ土俵で考えることはできない。だが、百戦錬磨《ひゃくせんれんま》の名将の目には、國保の采配は異端《いたん》に映った。

いくつもの疑問を残しながら、2019年夏の岩手大会は終わった。

右手の血マメ

岩手大会決勝からおよそ1ヶ月——。U－18野球W杯に臨む高校日本代表に、甲子園の準優勝投手・奥川恭伸《おくがわやすのぶ》（当時は石川・星稜、現・東京ヤクルト）らと共に佐々木も選出された。

もともと色白の佐々木は、主に甲子園に出場した選手たちの輪に加わることで、肌の白さがより際立っていた。甲子園決勝の3日後、2019年8月25日に行われた高校日本代表の結団式で、佐々木は〝あの日〟の出来事に関して、言葉少なにこう語った。

「負けた悔しさというか、もう一度、仲間と野球ができない悲しさがあった。（登板せずに負けたことで）自分が頑張っていかなきゃいけないと思っています」

大船渡での戦いが不完全燃焼に終わったからこそ、W杯の舞台で完全燃焼したい。そんな気持ちが佐々木に芽生えるのは自然なことだろう。

「高校日本代表に選ばれたからには、（史上初の）世界一になりたい。投げない場面でも、ベンチから声を出すなど、全力を尽くしたいと思います。この代表に選ばれたくて、頑張っていた人もいる。そういう人たちの思いも背負って、戦っていきたい」

翌日に行われた大学日本代表との壮行試合で、参加選手の中で最もフレッシュな状態である佐々木が先発のマウンドに上がった。3万に迫る大観衆の中でのピッチングなど、甲子園に出場していない佐々木にとっては初めての経験だろう。年上の大学生を相手に、佐々木は初回をわずか12球で終わらせ、大きなインパクトを大学野球の聖地・神宮球場に残した。

投じた直球のすべてが150キロ台（最速は156キロ）を記録し、2番打者からは135キロのフォークで、さらに3番打者からは152キロの直球で空振り三振を奪った。

同じく19年のドラフト1位候補で、大学日本代表の先発を託された森下暢仁《もりしたまさと》（当時は明治大、現・広島）は、1回裏のマウンドで佐々木が快投を見せた直後の2回表、高校日本代表に先制点を奪われ、「佐々木君のピッチングについ力んでしまった」と、動揺があったことを素直に認めた。

この日、佐々木は2イニングの登板予定だった。ところが、初回を投げ終えベンチに戻った佐々木の様子が何やらおかしい。右手の指先を代表スタッフに見せながら、話し合いが行われていた。そして、佐々木は降板する。

試合後、右手中指にできていた血マメの状態が悪化したことが明らかになる。翌日の練習から右手中指にはテーピングが巻かれ、完全に傷口が塞《ふさ》がるまでノースロー調整となり、それはW杯が開催される韓国・機張《キジャン》に到着しても続いた。

19年8月30日に開幕したW杯で、高校日本代表は4勝1敗とグループBを首位通過した。だが、令和の怪物は、W杯の舞台・韓国でも〝投げない怪物〟だった。

7回、18奪三振

韓国でも佐々木の注目度は群を抜いていた。狭い現代車《ヒュンダイ》ドリームボールパークのいたるところで「ササキ」の名前が出てくる会話が聞こえ、佐々木がトイレに向かえば現地の野球少年がサインや写真をねだっていた。

地元紙『SPORTS DONGA』のカン・サン記者が話してくれた。

「163キロのボールを投げるというササキ投手は韓国でも人気で、よく知られています。岩手大会の決勝で投げなかった時に、私はメジャーリーグのストラスバーグのことを思い出しました」

その言葉には私も得心《とくしん》した。2009年のMLBドラフトにおいて、全体1巡目1位でワシントン・ナショナルズの指名を受けたスティーブン・ストラスバーグは、14個の三振を奪う衝撃のデビューのあと、右ヒジを痛め、1年目の8月にトミー・ジョン手術を受けた。本格復帰した2012年は、球団がシーズンで160イニングという異例の回数制限を設け、それに達したところでオフとなった。チームはプレーオフに進出したが、ポストシーズンの登板も回避させた。

大船渡の監督・國保が岩手大会決勝で下した佐々木の登板回避の判断も、同じように投手をケガから未然に守る先進的な判断だったと、韓国の記者も認識しているのだ。

高校日本代表を率いていた永田裕治は、佐々木の起用に関してこう話していた。

「（学校から）預かっている立場なので、無理はさせず、登板の判断は本人、それから理学療法士と整形外科の先生にお任せしています」

まるで監督である自身の責任を放棄するような発言だった。

甲子園の決勝まで進出した奥川と、右手の指にできた血マメの影響が癒《い》えない佐々木は、最終順位を決するスーパーラウンドが始まるまで登板はなかった。

Wエースと目されて臨んだW杯で、先にマウンドに上がったのは奥川だった。夏の甲子園決勝以来、ちょうど2週間ぶりとなるカナダ戦のピッチングには、北米やアジアの各国の関係者も驚愕《きょうがく》したに違いない。

「105球」という大会規定の球数制限がある中で、7回を103球で投げ切り、計21個のアウトのうち、実に18個を三振で奪った。あと2球を投げてしまえば、中4日を空けなければならず、3日後の決勝には登板できない。つまり、104球で終わらせる必要があり、奥川はそのミッションを遂行した。

試合の直後には、アンパイアを務めた米国人が、高揚《こうよう》した顔で大会関係者とシェイクハンドしていた。その表情は、「歴史的な投球に立ち合えた喜びと興奮」を表していた。

「まだまだやれる。これからもっともっと相手が強くなっていく。これくらいの投球で、満足したくはない。世界一になった時に喜べるように、やらなければならないことはたくさんあると思います」

衝撃の世界デビューを飾った奥川はそう言って、日本初となる世界一を誓った。

1回、19球

高校日本代表の首脳陣は、毎日、球場に向かうバスの中で先発オーダーを発表していた。カナダ戦では、ヘッドコーチの仲井宗基《なかいむねもと》（八戸学院光星監督）が「日本のエース！ 奥川恭伸!!」と叫び、バスの中はやんややんやの大騒ぎとなったという。

そして翌9月6日、韓国戦に向かうバスの中でも、仲井はこう先発投手を紹介した。

「日本の宝！ 佐々木朗希!!」

甲子園で実績を積み上げた奥川が日本のエースで、将来性に微塵《みじん》の疑問はなくとも、18

歳の時点ではマウンドに上がるまで状態がわからない佐々木は、ケガなく次のステージに向かわせなければならない日本の宝。なんとも言い得て妙な表現だ。高校日本代表の首脳陣は、佐々木の肩やヒジの状態に注意を払い、血マメを悪化させてからも投げられる状態になるまで辛抱強く待っていた。

韓国戦は、決勝進出に向け、つまりは初めての世界一に向け、絶対に負けられない戦いだった。怪物の真価が問われる一戦だった。しかし——。

この大一番でも、佐々木はわずか1イニング、19球を投げただけで降板した。投球練習からおかしかった。最速163キロの直球に本来の球威がなく、制球も安定しない。最初の打者をショートゴロに打ち取ったあと、2番打者に4球続けてストライクが入らず、3番打者にも3ボールとなった。打ち損じ（レフトフライ）に助けられたものの、直後、高校日本代表の監督である永田がマウンドに向かう。

「（捕手の）水上《みずかみ》（桂《けい》、当時は兵庫・明石商業、現・東北楽天）が『ボールに血がついている』と（ジェスチャーで）言ってきたので……。（佐々木）本人は『あとひとり投げさせてほしい』ということでした」（永田）

ゼロに抑えはしたものの、佐々木はこの回で緊急降板する。試合後に明らかにされた理由は、またしても右手中指にできた血マメだった。〝投げない怪物〟は、再度のアクシデントに見舞われ、とうとう〝投げられない怪物〟になってしまった。

試合後、私は佐々木に訊ねた。血マメを悪化させるというケガを二度も繰り返したこと

U-18高校日本代表でもとりわけ注目を集めたのが佐々木（左）と奥川だった

に、「どうしてなんだろう」と自身の運命を呪《のろ》いたくなるのではないか――と。
佐々木は静かに頷《うなず》くだけだった。

「もう厳しいと思います」

韓国戦の前日に行われたカナダ戦の試合中、奥川が快投を見せる中で、佐々木はリリーフ登板に備え、幾度《いくど》も肩を作っていた。監督の永田は、奥川が降板したあとの8回を、佐々木に託すつもりだった。ところが、日本が加点しリードが広がったことで、佐々木ではなく、飯塚脩人《いいづかしゅうと》（当時は千葉・習志野、現・早稲田大）がマウンドに上がった。

佐々木が先発した韓国戦は、わずか1回を投げただけで降板したことにより投手陣はスクランブル態勢となり、高校日本代表は6投手をつぎ込むも、延長10回のタイブレークにまでもつれた末、サヨナラ負けを喫した。直後、真っ先に報道陣の前に立った日本高等学校野球連盟事務局長（当時）の竹中雅彦《たけなかまさひこ》（2019年10月に死去）は、「マメの再発」だったと説明し、「昨日のカナダ戦で何度も肩を作り、かなりの球数を投げた」ことの影響があったことを認めた。つまり、優柔不断《ゆうじゅうふだん》な首脳陣に振り回された挙げ句、佐々木は指のケガを再発させてしまったわけだ。さらに、韓国戦のプレイボールの前に、佐々木は指先の異変が起きていることを気付いていたというのだ。

　そして、監督の永田が記者団の前に現れた。

――(佐々木に)先発を告げたのはいつか。

「昨日の夜、本人に伝えました。理学療法士の先生も、整形外科の先生からも、『ゴー』が出ていましたので、いけるだろうと」

――初回のマウンドでは何を話したのか。

「ケガのことですので、言わんといてください」

――(W杯での)今後の起用に関して。

「もう厳しいと思います」

　試合前から佐々木自身が右手中指の異変に気付いていたのなら、指揮官としては、それを事前に伝えてほしかったのではないか――。私はシンプルに抱いた疑問を永田にぶつけた。すると永田は怒気《どき》を含んだ口調でこう話した。

「それは内々にさせてください。これ以上はお答えできないです」

佐々木は初回に2死をとったあと、マウンドにやってきた永田に「あとひとり投げさせてください」と訴えたという。

「彼の将来を考えて登板させました。なかなか自己主張をしませんので、彼は。その彼が自己主張してきましたので……」

指揮官としてのやりきれない怒りや動揺も垣間《かいま》見えた。

当時、現地で取材しながら痛感したのは、未完成な身体で、最速163キロの球速を誇る「令和の怪物」を預かる指導者たちの難しさだ。

岩手大会決勝では、故障を未然に防ぐために、大船渡の監督・國保陽平が、佐々木の先発を回避させ、野手としても一切、起用しなかった。いまだに骨端線《こったんせん》（成長期の骨の両端にある軟骨）が残っていて身長（骨）が伸びていく可能性があり、163キロに耐えられる肉体には成長していなかった。

國保も韓国の会場まで随行《ずいこう》しており、韓国戦の前日には永田と長い時間、話し合う様子もあった。代表に招集《しょうしゅう》するにあたって、永田ら首脳陣は國保からもヒアリングし、佐々木の肉体の状態を確認した上で、代表に選出していた。

肩やヒジの状態のみならず、血マメの治療や再発にも十分すぎる配慮をしてきた。それでも再発は防げず、わずか1回で降板せざるを得ない状況となってしまった。

「怪物」と呼ばれてきた17歳は、163キロという数字が独り歩きしがちだが、まだまだ故障のリスクを常に抱える、成長途中のナイーブな身体だった。

35年ぶりの甲子園を目指した大船渡の夏を、不完全燃焼のまま終えた佐々木は、W杯の戦いもまた、不完全燃焼で終えることになってしまった。

「本物の怪物」に覚醒《かくせい》するまでには、まだ2年以上の時間が必要だった。

第2章
佐々木朗希を守った指導者たち
——2020年

岩手県立大船渡高校の國保陽平は、佐々木朗希が入学した2017年4月のタイミングで同校に赴任《ふにん》し、硬式野球部の部長に就任すると、同年夏から監督となった。

球界の宝となっていく逸材と出会うと同時に、この逸材を壊すわけにはいかないという重圧とも戦う日々だった。そして、19年7月25日、甲子園を目前にしながら、登板を回避させるという決断を下す。國保の采配に対しては賛辞と共に、批判も寄せられ、学校にも苦情の電話が殺到した。

國保があの日の真相について初めて口を開いたのは、ちょうど1年後の20年7月だった。

登板回避を決めた瞬間

新型コロナウイルスの蔓延《まんえん》元年と言うべき2020年は、高校野球界では春夏の甲子園が中止となり、球児にとって最後の戦いとなる夏は各都道府県の独自大会が開催されただけだった。

1年前の喧騒が嘘のように、岩手県釜石市の平田公園野球場には報道陣がほとんどいなかった。コロナ禍ということもあって、観客もまばら。静かな戦いの中で、國保は1年前にまとっていた憑《つ》き物《もの》が落ちたかのように、活き活きと采配を振るっていた。ニコニコしながら選手に声をかけ、身振り手振りを駆使して積極的に策を講じていく。

もうひとつ変化があったのは選手の髪型だ。岩手県の潮流に乗るように、短く刈り込んだ坊主頭の球児はひとりもいない。球児たちの頭髪の変化が、大騒動を経た國保の変化のように感じられた。

大槌高校を10対1で下した試合後、私はベンチを引きあげてきた國保に恐る恐る近づいた。19年の決勝直後から、批判の急先鋒だった私の取材を國保は徹底して避けていた。

すると、むしろ國保の方から歩み寄って来て、開口一番、私にこう告げた。

「昨年、私のバントの指示を批判されましたよね？　実はあれ、サインミスだったんです。選手をかばった発言だったんですが、かばいすぎるのも誤解を生むと、去年学びました（笑）」

前年春の岩手大会で、私が「迷采配」と指摘した一件について言っていることはすぐに察しがついた。「1死一、三塁」というビッグチャンスに、前の打席で本塁打を放っていた5番打者にスクイズではなく、送りバントを命じた時の采配である。いきなり白い歯を見せながらの告白に続けて、1年前のノーサイン野球についても、チーム内でサインミスが相次ぎ、試合になると劣勢を強いられることが多かったことから、いっそのことやめてしまおうという判断だったと明かした。

「今日もサインミスが5、6個ありました。それでも選手は目の前のプレーに必死で戦い勝ってくれた」と語り、「今日は正直に話します」と、再び笑った。

まさかの國保の豹変《ひょうへん》に、一瞬、たじろいでしまったものの、私は1年に及んで消えなかった疑問をぶつけていった。

1年前の國保の表情には、悲壮感が漂っていた。

「プレッシャーがあったんでしょうね。（佐々木を）壊しちゃいけないというプレッシャーが。世界の野球の歴史を知っている限りで振り返った時に、この若さで、あの高い身長（190センチ）で、滑らかなフォームで、変化球もうまくて、牽制《けんせい》もうまいという才能は、世界の野球の歴史を変えるかもしれない。だからこそ、壊さずに次のステージへつなげなければならないと思っていました」

佐々木を決勝のマウンドに上げない決断は当日の朝に下したという。

「1年前にもみなさんの前で説明しましたが、歩き方を含めた彼の様子を見て、決めました。高校3年間で一番、ケガのリスクがあるな、と。肩やヒジだけでなく、球が速い彼の場合、身体のどこに故障が出てもおかしくないですから」

試合当日、解せなかったのは、準決勝まで4番を任せ、4回戦の盛岡四戦では延長12回に決勝本塁打を放った佐々木を打者としても起用しなかったことだ。不動のエースだけでなく、主砲も欠いた二枚落ちの戦いを他のナインは強いられることになった。

「疲れている朗希よりも、他の野手の方が振れるだろうし、(勝利には)可能性があるのではないか。そう判断しました」

しかし、私には、高校球児なら誰もが夢見る甲子園と、佐々木の将来を天秤《てんびん》にかけ、後者を選択したように映った。決勝の花巻東戦では、先発に5番手に目されていた3年生の変則右腕・柴田貴広を起用し、大量失点すると2年生左腕を投入した。プレイボールの前から勝負を諦めているかのような選手起用だった。私は、責任を背負い込んだふたりが2対12と大敗した試合後に泣き崩れていた姿が忘れられない。

勝負を捨てたわけではなかった。そこを國保は力説した。

「花巻東の強力打線には、（それまでの試合でも起用していた）右のオーバースローの投手ではなく、右サイドで変則の柴田の方が、初登板で疲れもないし、少しでも抑えられるのではないかという期待がありました。決して、試合を投げ出していたわけではありません」

毎日のように逡巡

試合前、國保は佐々木に「先発では起用しない」とは伝えていたが、「リリーフとしても野手としても起用しない」とは伝えていない。それは他の選手に対しても同じだった。すべてを独断で決めた。

「選手が納得しているのか、ということをお聞きになりたいんですよね？　納得している者もいれば、いない者もいる。個々人で違うのかなと思います。事前に本人に相談したら、『投げたいです』と言うのは明らかだった。野手に伝えたら、『僕らが朗希をサポートするので、投げさせてやってください』と言うに決まっています。一言でも彼らに相談したら、（佐々木の登板を）止められなくなると思いました。もし疲労困憊の状況でマウンドに上がったら、力んで投げて、たとえ勝って甲子園に駒を進めたとしても、肩、ヒジ、腰、股関節、膝……これは想像でしかありませんが、将来に残るようなケガのリスクは高かったんじゃないかなと思います」

だからこそ、すべてをひとりで背負い込んだ。ゆえに、大きな誤解も生んだ。

「あの日のことをきちんとお話しするのは初めてです。決断が正しかったのか、間違っていたのか。毎日のように逡巡していました。準決勝で他の投手を起用していたらどうなっていたか、と。（決勝で先発した）柴田をもっと鼓舞してあげれば良かったな、とか。答えは……見つからないです」

決勝の試合後、國保の采配に対して佐々木が報道陣に残したのは、「投げたかったです」という一言だった。プロ野球選手となった佐々木との間で、決勝の起用法に関して言葉を交わすことはその後にあったのだろうか。

「ありません。『甲子園に行きたかったです』とも『投げなくて良かったです』とも聞いていません。本心を僕にぶつけることが、僕にとって酷《こく》だと気を遣ってくれているんだと思います」

米国の独立リーグも経験した國保は、花巻市の花巻農業高校で監督を務めたあと、大船渡にやってきた。選手の将来を見据えて、身体に気を遣いながら起用を思案していく采配の背景には、米国での経験も大きいと明かした。

「朗希が1年夏の岩手大会で、147キロを出したんです。当時の僕は部長でしたが、（メジャーリーグの）ストラスバーグであったり、ダルビッシュ有選手（現・パドレス）だったり、大谷翔平選手だったり……彼らのレベルに挑戦できる一握りの才能が朗希だとその時点で思いました。試合後、3年生や2年生もいるのに、『2年後はドラフト1位だ！』と叫んだことを覚えています。160キロを超えるMAXだとか、アベレージが155キロ以上となる投手が、これまで高校生の年代ではいなかった。過去に例がない中で、専門の医師だったり、（筑波）大学時代の恩師に相談しながら、手探りの中で指導しました」

2019年のドラフトでは4球団の競合となり、佐々木は千葉ロッテに入団した。翌年2月のキャンプから一軍に帯同し、5月26日に実戦形式のシート打撃に登板、160キロを二度、記録した。しかし、それからノースロー調整が続き、7月15日にようやくキャッチボールが公開された。國保は「直接、見ているわけではないので」と前置きしたあと、卒業から半年が経過していた佐々木の状態にこんな見解を示した。

「少なくとも高校を卒業する段階では、血液検査の結果や骨密度を測る限り、彼の成長は止まっていなかったと思います。成長期に分泌《ぶんぴつ》されるような物質が血液の中にありましたから。100マイル（160キロ）を投げる投手はメジャーにもそれなりにいるとは思いますが、成長が止まっていない段階で100マイルを投げられる投手が世界にどれだけいたのか。あれだけの球速を投げれば、出力が大きい分、それだけ身体への反動は大きい。プロ1年目は球速に耐え得る体作りの段階ではなく、体作りができる状態になるのを待つ段階ではないでしょうか」

岩手独自大会に臨んだ20年の大船渡は、沿岸南地区代表決定戦となる大船渡東戦に敗れ、県大会に駒を進めることはできなかった。試合後、國保は主将の吉田昂生《よしだこうせい》と、先発した前川真斗のふたりをベンチ前に呼び、声をかけていた。

吉田には「つらかったな」と伝えた。この試合で先発した左腕の前川には「ナイスピッチング！」と讃えた。前川は、1年前の岩手大会決勝で2番手として登板した投手であり、このふたりだけが昨夏の決勝でベンチ入りしていた選手だった。

両者にかけた言葉は、逡巡する1年を過ごしてきた自身、そして佐々木の3年間に対する労《ねぎら》いの言葉でもあるように聞こえた。

痛いところはないか？

2019年の春頃から、私は佐々木を指導した人物を訪ね歩いてきた。佐々木の育成に携わってきた野球指導者たちは、佐々木の身体に気を遣い、投げすぎに細心の注意を払い、時には國保のように、「チームの勝利」と「佐々木の将来」を天秤にかけ、後者を選択してきた事実を知ることになる。

22年4月に完全試合を達成した直後、佐々木の出生地である陸前高田市の市役所で会ったのは、佐々木が高田小学校3年生で野球を志した当時、入団した高田野球スポーツ少年団で監督を務めていた村上知幸《むらかみともゆき》だった。現在、村上が勤務する市役所はちょうど高田小学校のグラウンド跡地である。東日本大震災の津波被害によって、高田小の校舎は高台に移り、そこに市役所が建て直されたという。

村上は佐々木と出会った日の第一印象を次のように語る。

「昭和の時代は小学3年生でもキャッチボールは当たり前にできましたが、今は違います。ボールの握り方からフォームまできっちり教える必要がある。ただ朗希の場合は、三つ上のお兄ちゃん（琉希《りゅうき》）がいたし、お父さんともキャッチボールをしていたのでしょう。投げることに関して何も教える必要がなかった」

同級生に比べれば確かに体は大きいが、飛び抜けた存在ではなかった。球速も、目を見張るようなものではなかった。それでも村上は、そのシーズン最後となる練習試合で佐々木少年に投げさせようと思い立つ。

「1イニングだけの登板でしたが、3人で抑えて、颯爽《さっそう》と帰ってきた。しかも相手は5年生でした。初登板なら四球を連発してもおかしくないじゃないですか。とにかく度胸があった。あの日の朗希と、完全試合を達成した日の9回の朗希の姿がだぶりましたね。今年1月、地元の成人式で再会した時に本人に確認したのですが、あの日の対戦相手や場所まででしっかり覚えていた。朗希にとっても特別な思いがあるのかもしれません」

岩手県立高田高校の外野手として1988年夏の甲子園に出場した球歴を持つ村上だが、

小学生の時にヒジをケガし、投手を断念した経験があった。それゆえ佐々木少年に対しても毎日のように「痛いところはないか？」と確認し、無理強いすることは絶対になかった。

翌年からエース候補として佐々木に投げさせたい。そう村上が考えていた矢先、突然の別れが訪れた。

2011年3月11日の東日本大震災で、佐々木の実家は津波に流され、父・功太《こうた》さんと祖父母を亡くしてしまう。残された家族は陸前高田市を離れ、隣町の大船渡市に引っ越すことになった。

村上が続ける。

「当時、私は陸前高田市役所で市長秘書を務めており、震災の取材に訪れる報道陣の対応を担当していました。記者会見用の資料を準備していた時に、朗希のお父さんが亡くなったことを知ったと記憶しています。葬儀屋にお勤めだったお父さんはがっちりした体形で、とても優しかった。野球経験はなかったと思いますが、練習試合では塁審を務め、選手の送り迎えもされていましたね。朗希とは引っ越しした後、練習試合で再会しました。『うちのエースになっていたはずなのにな』とうらやむ気持ちもありながら、成長を目の当たりにして嬉しかった」

髙田小の同級生で、髙田野球スポーツ少年団で野球を始めた時期もまったく同じだったのが、後に大船渡でバッテリーを組む及川恵介だ。佐々木の転校については、避難所で佐々木から聞かされたという。

「小3の初マウンドもグラウンドで見ていましたが、同級生なのにすごいなと。転校は残念でしたけど、いつかまた一緒のチームで野球をやりたいと思っていました」

佐々木は転校先の猪川小学校で再び野球を始め、大船渡第一中学でも軟式野球部に所属した。佐々木の中学2年時に野球部長を務めたのは志田一茂《しだかずしげ》だ。当時の大船渡第一中学のグラウンドにはまだ仮設住宅が建ち並び、野球部の練習はその脇にある空き地のような場所で行うことしかできなかったという。

「とにかく活発な子で、スポーツテストではハンドボール投げや50メートル走など、すべての項目がずば抜けていた。負けず嫌いな子でしたね。私は仙台大時代に硬式野球部に入っていて、1学年後輩にプロ野球に進んだ熊原健人《くまばらけんと》（横浜ＤｅＮＡ、東北楽天を経て現役引退）、3学年後輩に馬場皐輔《ばばこうすけ》（現・阪神）がいた。そういう選手を間近で見ていて、卒業してすぐ大船渡第一中に勤務することになったんですが、朗希は球速こそ120キロ台でも、素材という点では彼らに見劣りしなかった。ふと思うんです。投手としての球の速さは、瞬発力と大きく関わりがあるんじゃないかな、って。朗希は中学時代、クラス対抗リレーなんかに必ず選ばれていました。高校進学後も、150キロを出したあたりには、『50メートルを5秒台で走った』という噂が聞こえてきました。さすがに（19年春に記録した）163キロという球速には驚きましたが、それに至ったのは彼の瞬発力が大きく影響しているのではないでしょうか」

さらに中学時代から佐々木は研究熱心だったという。理想のフォームを探し、情報を集めてグラウンドで実践していた。

「野球脳が賢いとでも言うのかな。たとえば、野球の技術書を読んで、自分もこう投げたいというフォームが見つかったら、マウンドで再現する。その能力が高かった」

中学時代の登板回避

大船渡第一中学は当時、監督の入れ替わりが激しく、3年間を通じて佐々木を主に指導したのは地元の消防署に勤める救命士で、コーチを務めていた鈴木賢太《すずきけんた》だった。鈴木に話を聞いたのは２０１９年の春頃。当時はまだ第一中学でコーチを務めていた。

「中学時代の朗希は成長痛と付き合わなければならず、投げられない時期も長かった。7回を投げ切った経験は一度もなかったと思います。そういう事情からエースナンバーを背負ったのも2年生の秋だけです。中学3年に進学する直前、練習試合の登板後に『腰が痛い』と訴えてきたことがありました。市内の病院をいくつも回りましたが、『痛みは身体の硬さからくるものだ』と言われて……」

小学校卒業時に身長が１６０センチほどだった佐々木は、中学の3年間で、20センチ以上も急激に伸びた。中学進学前から、鈴木は佐々木の兄・琉希を通じて小学生だった佐々木少年にも柔軟性の大切さを説き、ストレッチの方法を指導していた。中学生となった佐々木は柔軟な体を手に入れていたため、腰痛の原因が体の硬さにあると説明されても、鈴木はとても納得できなかった。

そこで高校時代の大谷翔平も通った青森県八戸市にある医院に連れて行くと、腰の疲労骨折が原因だと判明した。

「医師の説明では、だましだまして投げることは可能とのことでした。佐々木をマウンドに立たせれば、夏の大会で勝てるかもしれない。しかし、『彼は将来、ものすごい選手になる可能性を秘めている。この時期を棒に振ってでも、完治に向けて治療を優先させるべきかもしれない』と説明されました」

投げさせるか否《いな》かの判断は、鈴木ら指導者に委ねられたが、鈴木が迷うことはなかった。

「私自身、肩のケガをして、野球ができない時期が何年もあった。朗希は、最後の夏に懸けていたので、投げたかったはず。でも彼の野球人生を、中学生で終わらせることは絶対に避けなければならなかった。朗希は投げたかったと思います。最大の目標を最後の大会に置いていましたから、夢を奪われたような気分だったかもしれない。『お前には投げさせない』と朗希に告げると、悔しさのあまり、ボロボロ泣いていました」

高校時代の岩手大会決勝とまるで同じようなシチュエーションではないか。仲間との夢よりも、自身の将来に備えて登板を回避して敗れるという十字架《じゅうじか》を、佐々木は中学時代にも背負わされていたのだ。

岩手では、軟式野球部を引退した中学3年生が夏から秋にかけて、素材はゴムながら硬式球と同じ大きさ、重さのKボールを使用する地域代表を結成する。中学で軟式野球をプレーした球児が、高校で使用する硬式球に慣れるための取り組みだ。腰がようやく癒えた佐々木も地元の「オール気仙」の一員に加わった。オール気仙の代表を務めた布田《ぬのた》貢《みつぐ》は、前出の鈴木や志田の恩師でもある。

「初めて朗希のピッチングを見たのは小学4年生の頃です。マウンドでは小6と同じぐらいのスピードボールを投げていた。体が大きく、フォームが美しく、小学生なのにストイックに野球に取り組んでいることが伝わってきました」

布田が普段、監督を務める末崎中学の軟式野球部とオール気仙が練習試合を行った際、布田は末崎中のナインに「佐々木の真っ直ぐだけを狙え」と指示。すると佐々木は5者連続のヒットを浴びた。

「当時の朗希はストレートに頼りすぎていた。試合後に呼んで、『どうして打たれたのかわかるか。お前は真っ直ぐしか投げないだろう。いいか、速い球を活かすためには、変化球が必要なんだぞ』と。彼は指先も器用で、変化球も投げられた。スライダーやカーブといった変化球を効果的に使えば投球の幅は広がると伝えたかったんです」

佐々木がクローザーを務めたオール気仙は岩手大会で優勝し、東北大会でも準優勝。それまで最速133キロだった佐々木は、Kボールで141キロを記録する。

「腰痛からようやく快復し始めた段階なので、無理させないようにしました。三振を多く奪っても、球数が多くなれば体への負担は大きくなるので、『球数を考えながら投げなさい』と指導していました」

19年夏の岩手大会決勝の登板回避について、布田はこんな感想を抱いた。

「指導者ならば、エースで負ければ仕方ないと考えるのは当然のことです。それでも國保監督は大事な試合でエースに投げさせなかった。誰よりもそばで彼の状態を見ていた國保監督が下した決断ですから、正しかったと思います。誰の目から見ても将来有望な選手を預かるのは、本当に難しい」

指導者たちの故障経験

オール気仙でのプレーを終えた佐々木は、進路の決断を迫られた。甲子園常連校の花巻東は、寮費以外が免除となるという、大谷翔平と同じ条件を提示し、それでも迷っていた佐々木に対し「受験当日まで返事を待つ」と伝えてきたという。

しかし、佐々木は大船渡高校への進学を選ぶ。オール気仙で一緒だった仲間とプレーするためだ。その中には、高田小学校で同時期に野球を始めた及川恵介もいた。また女手ひとつで3兄弟を育てる母の側にいたいという気持ちもあったという。あるいは、温かく成長を見守った歴代の指導者のほとんどが、大船渡のOBだったことも決断を後押ししたのではないか。

佐々木は大船渡高校に入学した直後から注目を集め始め、注目度に比例するように高校1年で147キロ、高校2年で157キロ、そして3年春には163キロと、球速はアップし続けた。

國保の筑波大時代の恩師で、同大硬式野球部の監督である川村卓《かわむらたかし》は、高校3年生になったばかりの佐々木のピッチングを筑波大学のブルペンで目の当たりにし、衝撃を受けた。同時に、これ以上の研究材料にはもう二度と出会えないだろうとも思った。

「160キロをこの体で投げてしまうのかと。腕の振りのセンスが抜群でしたが、逆に言うと、腕だけで投げているようにも見えた。危ないなと思いました。体のサイズと腕の振りだけで、それだけのスピードが投げられてしまうんです。いずれ故障をするのは明らかで、指導者が投球を制限してあげないといけない。本人は痛みもないので、『なぜ投げさせてくれないの？』と思うかもしれませんが、その役割を担ったのが國保監督でした」

國保は川村や、筑波大時代に治療を受けた馬見塚尚孝《まみづかなおたか》らの意見を参考にしながら、2019年の岩手大会決勝では佐々木の登板を回避させた。佐々木の身体には骨端線が残っていたという。すでに一度触れたが、國保はこう話していた。

「骨密度を測っても、血液検査でも、朗希の体はまだまだ成長している途中でした。その状況で身体を酷使したら、反動は大きかったと思います。プロ入りした当時も、体作りができる状態になるまで成長を待つ段階だったと思います」

ドラフト1位で入団した千葉ロッテも、そうした情報を共有していたのだろう。1年目は体作りに専念し、二軍でも公式戦登板はなかった。そして、2年目の21年5月、満を持して一軍初登板。そして二度目の先発となった交流戦の阪神戦でプロ初勝利を挙げた。

筑波大の川村は、佐々木についてプロ入り2年目に入って体が大きくなり、3年目に入ると体幹《たいかん》トレーニングの効果で下半身が強化され、コントロールが安定したと解説する。

高校時代の佐々木はスライダーを武器としていたが、プロ入り後はフォークを中心に投球を組み立てていることに関しても、私見を述べた。

「高校時代は、ヒジや肩への負担を考え、國保監督がフォークをあまり投げないように指導していたのでしょう。佐々木君の特徴は、ボールを離すリリースポイントが非常に高いことです。彼のストレートは、バレーボールのスパイクのように、下向きの角度で捕手に向かってズドンと来る。同じ角度で、140キロ台後半のフォークを投げられれば、打者はとても判別できない。末恐ろしい逸材だと思いますし、いずれ170キロを投げてもおかしくない」

高田野球スポーツ少年団の監督だった村上や、大船渡第一中学のコーチだった鈴木は、彼ら自身がケガで野球がままならない時期を経験していた。また大船渡高校の國保も1年間にわたってリハビリ生活を送った時期があるし、次章で詳述するように米国の独立リーグに挑戦した経験の中で、ケガによってメジャーの舞台から〝都落ち〟してきた選手を幾人も目にした。

佐々木を指導した野球人はみな、佐々木の将来に大きな期待を抱き、自身の経験を反面教師にしながら佐々木をケガなく次のステージに送り出すことに力を注いできた。

その一方で、チームの勝利よりも、自身の将来を選択されてきたことから、佐々木自身は少なからず負い目を感じていたはずだ。それは仲間の悔恨《かいこん》に報いるためにも次のステージで成功しなければならないという十字架でもあった。19年夏の岩手大会決勝後、佐々木はこんなことを呟《つぶや》いた。

「（國保監督が登板を回避させたことは）自分の将来を考えてのことだと思う。上の舞台で結果を残すことで恩返ししたいです」

こうした自覚が、「令和の怪物」を覚醒させ、完全試合の快挙に導いたのではないか。

第3章

完全試合後、青年監督の告白

——2022年

退任の理由

千葉ロッテの佐々木朗希が完全試合を達成してから1週間が経過した2022年4月17日の北海道日本ハム戦でも、佐々木は8回までパーフェクト投球を続けた。ところが、球数が100球を超えていたこともあり、2試合連続完全試合まであとアウト三つの場面で降板した。

試合後、偉業を目前に交代を指示した監督の井口資仁《いぐちただひと》に対しては、好意的な意見が大半を占めた。07年の日本シリーズで、中日の監督だった落合博満《おちあいひろみつ》が8回まで完全投球を続けていた山井大介《やまいだいすけ》を降板させ、猛批判を浴びた時とは大違いであろう。

目の前の勝利を求めつつ選手個人の将来にも目を向ける――。野球界にそうした意識改革をもたらしたのは、佐々木を擁しながら彼の身体を守るという理由で、岩手大会決勝の登板を回避させた國保の決断の衝撃が大きかったからに他ならない。

國保が佐々木を無傷のままプロの世界へ送り出そうとしたように、20歳とはいえ身体がまだまだ出来上がっていない佐々木に千葉ロッテも配慮し、「今は無理を強いる時ではない」と判断したのだ。野球ファンもまた令和の怪物が、さらなる飛躍を遂げるまで温かく成長を見守っている。投球障害予防を念頭において、成長を見守る状況を生み出したのが、國保とも言える。

もし國保が甲子園出場を宿命づけられるような強豪私立の監督で、甲子園出場に自身のクビを賭《と》しながら戦うような監督であれば、大エースにケガの心配があるからといって、甲子園切符の懸かった地方大会の決勝で投げさせないという判断は下せまい。公立高校の体育科教員である國保だからこそ、全国的に議論を呼ぶような決断が下せたはずだ。

にもかかわらず、佐々木が完全試合を達成したあと、國保はメディアに対して口を開いていなかった。20年夏に逡巡の日々を告白した國保だが、佐々木が偉業を成し遂げたことを受けて、改めて聞きたいことが私にはたくさんあった。

プロローグに書いた通り、佐々木の完全試合の後に、私は國保が大船渡の監督を退いていたことを知った。まったく報じられていないその真相も知りたかったし、野球人・國保のバックボーンについても改めて質問をぶつけたかった。登板回避の決断の正しさは佐々木の偉業によって証明されたような形だが、なぜその判断ができたのか。詳しく語られてこなかった國保の米国独立リーグ時代の経験に起因しているように思えてならなかった。そして、國保の第一声を報じるのは、逡巡の日々を告白した相手である私の役目だという勝手な使命感にも駆られていた。

22年4月、私は大船渡に滞在し、國保と会うチャンスを待っていた。前述したように國保とは個人的な連絡はとることができず、学校も國保に取り次いではくれなかった。ならば、アポなしであっても、國保がいるかもしれない場所に向かうしかない。私は大船渡が練習試合をすると聞けば試合会場に足を運んだ。これまで対面するなかで、國保が私のSNSを見ていることは勘づいていたため、「今、大船渡にいる」「今、駅前の○△という店で食事している」などと発信し、それを見た國保が急に姿を現してくれることを密かに期待していた。でも、待ち人は現れなかった。

ようやく再会を果たせたのは、4月29日の春季岩手大会沿岸南地区予選が行われた平田公園野球場だった。

「去年（21年）の夏に、監督を退任して副部長となりました。僕は毎日、自宅から片道3

時間かけて大船渡に通勤しているんです。（盛岡第一）高校時代に僕自身が、監督が３人交代する経験をしている。それは生徒にとって、不幸でしかないですよね。高校野球の現場は、しっかり腰を据えて指導ができる教員こそ監督に相応しいと思っています。新しい（新沼悠太）監督は学校の近くに住んでいて、生徒たちの練習にもずっとついてあげられますから適任です」

騒動の直後、学校には苦情の電話が殺到した。甲子園を目前にしながら、佐々木を登板させず、敗退してしまったことから、野球部のＯＢ会からは解任を求める動きもあった。

そうした声によって、國保自身が野球から離れたくなったのではないか――。あの騒動が監督退任の引き金となったのなら、これほど不幸なことはない。

「『野球が嫌いになりました』と言ってほしいのかもしれませんが（笑）、それはまったくありません。苦情の電話に関しては、学校は大変だったと思いますが、僕自身を守ってくださいました。解任の動きについても、母校が負けて喜ぶＯＢはいません。だから、僕自身はさほど気にしていませんでした。ＯＢの方々も、勝ってほしいから、応援してくださっている。同じ指導者が同じ指導方針で選手を育てて勝てないのなら、指導方法を変えるか、監督を代えるか、どちらかになると思います。それは会社の経営と同じだと思います」

正しかったかはわからない

國保は副部長となった2021年夏から22年の3月までは指導から離れていたという。新年度を迎えるにあたって、転勤がなかったことから、改めて部長職に就き、4月から再び指導の現場に戻っていた。

「一度、指導を離れたからこそわかる選手の成長もある。それを学びましたね」

佐々木の完全試合のニュースは、練習試合後に携帯電話で確認した。その感想はと問うと——拍子抜けするぐらいに淡々と言葉にした。

「ふーんという感じ。ああいう大きいことをやるとも、やらないとも思っていなかったから意外とそんな感想ですよ。もちろん、活躍は嬉しいですよ。それはもう。NPB（日本プロ野球機構）の世界に慣れて、落ち着いて自分のボールを放れている。160キロを投げられたとしても、それを打ち返すのがプロの世界。スピードガンの表示以上に大事な要素が投球にはある。他の投手が投げないようなボールを投げられれば必ず打ち取れる。そうしたボールをこれからも追求してほしいです」

高校時代からの成長についても言及した。

「高校に入学した頃は、投げ方にしても走り方にしても、動きがカクカクしていて、ぜんぜん滑らかじゃなかったんです。2年生、3年生になるにつれ、少しずつ滑らかになっていきました。プロに入ってからの投球フォームも、だんだんとロスなく力がボールに伝わるような感じに良くなってきている。アップデート、レベルアップを繰り返している印象を受けます」

朗希を投げさせなかったことが本当に正しかったのか――そう自問自答する日々は3年の時を経ても変わらない。完全試合が達成されたことで、國保の決断は英断だったと考えるのは短絡的だろうか。國保は言う。

「完全試合をプロで達成したからといって、あの決断が正しかったのかどうかはわかりません。（花巻東との）試合に負けたということは、正解の戦い方ではなかった。結局、朗希が登板しなくても、勝てるようなチーム作りを僕ができなかった。他に打つ手はなかったのか。それをずっと考えてきました。ひとつだけ言えることは、たとえあの日に時間が戻ったとしても、同じシチュエーションなら僕が朗希を花巻東との決勝に起用することはないということです。当時、私が一番恐れたのはヒジの故障です。ピッチング時、右腕は廻旋《かいせん》運動をして、遠心力が生まれる。登板が重なり、かなりの球数を放ってきた疲れた状態の朗希のヒジのじん帯や上腕二頭筋などの筋肉が、160キロ超のボールに耐えられるのか。そこを懸念しました。決勝で投げたとしても、故障はしなかったかもしれない。だけど、故障リスクが最も高い日だったことは間違いありません。だから登板させなかったことは後悔していません」

一方で、19年の岩手大会の戦い方において悔いているのは、194球を投げた4回戦の盛岡四戦で降板させなかったことだという。

「9回に追いつかれて延長に入り、球数がどんどんと増えていった。降板させるべき球数の目安というのは、投手それぞれ、異なると思うんです。人によって70球かもしれないし、120球かもしれない。同じ一球でも直球とカーブとでは肩肘への負担は異なります。選手の疲労度、ケガのリスクというのは、球数だけで単純に推し量れるわけではなく、結局は、選手の状態を見て判断するしかない。あの試合はやはり、途中で降ろすべきだったんでしょうね……」

　また、決勝の前日となる準決勝の一関工戦を129球で完投させたことについても話が及んだ。

「ベンチにはベンチの考えがあり、お答えできないチームの事情があった。盛岡四戦は降ろすべきだったと思うけれども、この試合はそうは思っていません。まず勝たないことには次に進めない。矛盾するお答えになるかもしれませんが、トーナメントである以上、ひとりの投手で勝ち上がることはできない。『1』を背負った投手しか投げさせないとなると他の投手のモチベーションも上がりません。そういったことも含めて、決勝では朗希を登板させなかった。真夏のトーナメントを勝ち上がるということは本当に難しいです」

　もしかしたら2番手以下の投手に、肩やヒジの故障があった選手がいたのかもしれない。そういう裏事情を一切明らかにせず、言い訳をしないところが國保らしい。

　監督を退任して肩の荷が下りたということもあったのか、20年夏に話を聞いた時よりもさらに丁寧に、時間をかけて國保は言葉をつないでいった。

話の途中で、入学したばかりの1年生たちが國保の指示を仰ごうと勢揃いする場面があった。中座した國保は、冗談を言いながら試合までの時間に昼食を摂《と》るように指示していた。球児たちの表情はなんとも柔和だ。球児から慕われているのが伝わってきた。2年前の國保とこの日の國保のどちらが体育教師・國保の素顔なのか、考えるまでもなかった。

米独立リーグで学んだこと

1987年3月、岩手県盛岡市に生まれた國保は、盛岡第一高校、筑波大学と、外野手として活躍した。プロ野球選手を夢見て、大学4年時には、BCリーグのトライアウトも受験している。結果は不合格だった。

そして2009年3月、同級生と共に卒業旅行で行ったアメリカで、第2回ワールド・ベースボール・クラシック（WBC）を観戦。野球とは似て非なるベースボールに初めて触れた瞬間だった。

「会場のペトコ・パークで、日本と対戦したメキシコの選手が、初回にエラーして先制を許したのに、ニコニコしていて、『次、頑張ればいい』みたいな表情でプレーしているんですよね。韓国の選手も、日本のダルビッシュ有投手から盗塁に成功すると、二塁上で咆哮《ほうこう》していた。こんな野球が世界にはあるんだと思っちゃったんですよね」

実は私も國保と同じ現場にいてWBCを取材していた。日本がWBCの二連覇に成功する歴史的な戦いの中で、22歳だった國保と同じ空間にいて、もしかしたらすれ違っていたかもしれない。そう思うと、國保との距離がグッと近づいたような気がしてならない。

國保の夢はさらに大きく、メジャーリーガーとなった。だが、野球を続けられる環境がなければプロの夢も荒唐無稽《こうとうむけい》な話だ。國保は大学を卒業後、岩手県のスポーツ振興事業団で働いていた。盛岡の観光地として知られる御所湖《ごしょこ》で、カヌーのインストラクターを務めた際、大きな影響を受ける人物と出会う。

「野球部も強豪で知られる不来方《こずかた》高校のカヌー部に、小野幸一《おのこういち》先生という方がいらっしゃるんです。御所湖の漕艇場《そうていじょう》には毎日、小野先生がいらっしゃっていて、僕は大変お世話になった。ある時、『僕はプロになる夢が諦めきれなくて……』と話すと、『人生は一度きり。学校の先生は教員免許を持っていて、試験に合格さえすれば学校の先生にはなれるんだから、体が動く今のうちに挑戦すべき』と猛プッシュしてくださった。その言葉が僕を突き動かしましたね」

それからというもの、筑波大学野球部のOBらで結成されたクラブチームの「Ｔｓｕｋｕｂａ Ｃｌｕｂ」で米国でのトライアウト受験に備え練習を重ねた。盛岡から筑波までは片道６００キロもあり、７時間ほどかかってしまう。金曜日の夜に盛岡を出て、仮眠を挟みながら車を運転し、翌朝に筑波に到着すると練習に参加し、それが終わると再び盛岡へ。そんな週末を繰り返した。國保は毎日、往復6時間をかけて大船渡に通勤していると明かしたが、長距離移動を苦にしないのは働きながら野球に没頭していたこの時代の経験があるからかもしれない。

翌10年に米国独立リーグ・ゴールデンベースボールのトライアウトを受け、ちょうどオーナーが交代したばかりで、選手を大量に集めていたティファナ・シマロンズに入団が決まる。

「給料はもらっていませんが、食事やホテルは球団が用意してくれた。野球が続けられて、メジャーリーガーになる夢に一歩近づけたわけですから、僕はそれで十分だった。ぽつりぽつりと、メジャーの球団とマイナー契約を結んでいなくなる選手もいました」

独立リーグには、ケガなどによってメジャーリーグから都落ちしてきた選手も数多く在籍していた。國保と対戦した大物選手のひとりが、マーク・プライアーだった。01年にMLBドラフト1巡目（全体2位）でシカゴ・カブスの指名を受け、翌年にメジャーデビューを果たした選手で、03年には18勝を挙げ、オールスターにも選出された。しかし、その後はヒジの度重なるケガに悩まされ、メジャーに居場所を失っていく。そうして10年にたどり着いたのがゴールデンベースボールリーグのオレンジカウンティ・フライヤーズで、國保の在籍したティファナとも対戦したのだ。ＹｏｕＴｕｂｅで検索すれば、マーク・プライアーと國保が対戦する動画が出てくる。

「彼が姿を現すと、球場だけでなく、こちらのベンチもざわついていました。僕は知りませんでしたけど、仲間は対戦できることが『光栄だ』と言っていましたし、サインを欲しがる選手もいた。彼のように、ケガによって独立リーグに落ちてくるメジャーリーガーは多いんです。ティファナの監督やコーチからは、『ケガでキャリアを終わらせることだけは避けなければならない』とずっと言われましたね。たとえば、足に自信があって、バントにも盗塁にも長《た》けていたのに、牽制球の帰塁の際に指から滑ってケガをして、野球人生を終わらせてしまったコーチがいた。『お前は24歳でキャリアとしては終わりかけているけど、だからといってケガが原因でキャリアを棒に振ってしまうのだけはダメだ。誰が君たちを見ているかわからないんだ』と英語で力説するわけです。弱肉強食の世界は、実力のない選手がピラミッドを駆け上がる途中で、淘汰《とうた》されていく。帰塁のアクシデントや、登板過多による故障で淘汰されることほど残念なことはない。僕自身もそう思うようになりました」

それゆえ高校野球の監督となってからは一塁への到達時や牽制時の帰塁などでヘッドスライディングはなるべくやらないように指導しているという。

佐々木の第一印象

独立リーグでは、直接の対決はなかったものの、日本のメジャーリーガーの草分け的存在であるマック鈴木のいるチームとも対戦した。2ヶ月間のプロ生活を送ったあと、オフに突入したところで戦力外に。その後も、ウインターリーグなどのトライアウトを受け続けたが、朗報は届かず、現役には区切りをつけた。

「最後は独立リーグまで経験できて、野球は『やりきった』と思えました」

病弱な青少年が通う支援学校に職場を移した２０１２年になって教員採用試験に合格し、翌13年から花巻農業に赴任することになる。

「11年に東日本大震災が起きましたよね。ちょうど、盛岡から筑波に車で向かっている時でした。津波や地震による甚大な被害から復興に向かうなかで、故郷である岩手に貢献したいという気持ちが芽生えたんですよね。自分が貢献できるとしたら、教員免許があるので高校の先生しかない。できることなら野球でも恩返ししたい。そう思うようになりました」

盛岡一の選手時代は、甲子園に出場することはできなかった。進学した筑波大学では神宮球場で開催される神宮大会に出場することはできたが、國保は応援席から声援を送るだけだった。筑波大学には、甲子園出場経験のある選手が数多く入学する。彼らをうらやむ気持ちが、大学生・國保の中にはあった。

「僕が中学時代に、木内幸男《きうちゆきお》監督が率いた常総学院が甲子園で優勝した。坂克彦《さかかつひこ》選手（元・阪神ほか）がいて、かっこよかったんですよね。聖地で活躍する姿に憧れました。

指導者となり、当然、選手として行けなかった甲子園に行くことが夢となりました」

花巻農業の監督に就任して4年目の16年秋の岩手大会で、同校史上初めてとなるベスト4に進出。準決勝で不来方に敗れたものの、勝利した不来方は翌年のセンバツに21世紀枠で出場した。もしあの試合に花巻農業が勝利していたら、21世紀枠による出場チームを指揮していたのは國保だったかもしれない。

「多くの高校生は、自分の実力ならこれぐらいしか目指せないとか、甲子園なんて夢のまた夢とか、自分の限界を勝手に決めてしまっていますよね。独立リーグに所属した時の監督は、アレックス・アリアスという、マーリンズが1997年に世界一になった時の選手でした。その監督は、活動の初日に選手を集めて、『お前たちは今、独立リーグの選手だけど、何かのチャンスでビッグリーグでプレーするかもしれない。ヤンキースタジアムでプレーすることになったらお前たちはどうするんだ？　リラックスして、ベースボールを楽しむんだ』と全選手に伝えていた。メジャーで実績があるのに、優しい語り口でね。独立リーグの選手である自分らを蔑《さげす》むことなく、メジャーの世界の話をしてくれた。彼のことは『アレ』と呼んでいましたが、選手の限度を決めつけないアレのような監督に僕はなりたかった」

2017年に大船渡への赴任が新聞に載ると、「佐々木朗希」という期待の選手が大船渡に進学することを知っていた野球関係者から國保のもとに続々と連絡が入った。

「僕自身は、朗希のことはまったく知らなかったので、『え、そんなにすごい選手なの?』と。正直なことを言うと、右投手か左投手なのかもわからなかった（笑）」

一般的な野球部では、監督が主力のいるAチームにかかりきりになりがちなぶん、若い指導者が下級生の練習を担当するケースが多い。赴任当初、野球部の部長を務めた國保は、入学した佐々木と触れ合う機会も多かっただろう。

「そうですね。ただ、他の選手たちもたくさんいますから、分け隔てなく、部長である自分自身の役割を淡々とこなすしかないと思っていました。朗希に対する第一印象は、言われているほど投げ方が滑らかじゃないな、でした。身長はでかいけど、まだまだ細いし、投げ方もガチャガチャしていた」

これはとんでもない才能かもしれない——そう思ったのは1年夏の岩手大会で147キロを出した日だ。

「こんなぎこちない投げ方なのに、こんなに速い球を投げるのか、と。表現が難しいんですが、伸びしろだらけに感じました。独立リーグ時代に、ブルージェイズと契約したルイス・セナという仲間がいたんですけど、ちょうど朗希と同じぐらいの身体のサイズで、150キロを投げていた。少なくとも彼ぐらいには成長するだろうと思いました。同時に、ケガのリスクも考えました。大学生の頃、高校時代に一日1000球を投げて肩やヒジに故障を抱えていた選手や、一日500球を投げ続けて膝がぶっ壊れた状態で入部してきた同級生がいた。彼らのように、指導者の方針が原因で朗希にケガさせるわけにはいかないと思いました」

アドバイスを求めて

國保も大学時代に、ケガによっておよそ1年間も野球ができない時期があった。

「フェンス沿いに飛んだホームランボールをジャンプして捕る練習をしていた時に、アクシデントで距骨《きょこつ》というところを骨折したんです。右足の中の方の骨で、骨折によって血の巡りが悪くなって、最悪の場合は切断も覚悟しなければいけないということだった。現役を続けられるかどうかも微妙な時に、一番相談に乗ってくださったのが、筑波大の学生を診《み》ていたスポーツドクターの馬見塚（尚孝）先生だったんです。『先生、僕はもうダメなんですか』と言う僕にリハビリを指南し、ずっと激励してくれた。馬見塚先生は医師というより、肉親のように感じられる恩人です。だから、朗希が入学した年の秋頃からいろいろと朗希の身体についてもアドバイスをいただいていました」

岩手は、大谷翔平や菊池雄星を生んだ土地だ。佐々木朗希という才能がいるという噂を聞きつけて、大船渡にはスポーツドクターの売り込みが殺到していたという。だが、國保が誰よりも信頼を寄せていたのが、神奈川県の川崎市にある「ベースボール＆スポーツクリニック」のスポーツドクターである馬見塚だった。

國保は２０１７年夏の岩手大会後に監督に就任すると、県内のライバルとなる花巻東や盛岡大附属、一関学院の監督や部長に連絡を入れ、練習試合をお願いして回った。菊池雄星や大谷翔平を育てた花巻東監督・佐々木洋には育成法を訊《たず》ね、「真っ直ぐが良いから、まずはそこを磨《みが》くように」とアドバイスされた。

どこの県でも、甲子園切符を争うライバルと練習試合を行うことは稀《まれ》だ。たとえば、岩手の私学二強である花巻東と盛岡大附属は、秋春夏の公式戦で対戦する可能性が極めて高い。ゆえに、手の内を隠すという意味でも練習試合は行わないものだ。佐々木が入学した大船渡も甲子園出場校候補なのだから、本来は練習試合の相手としては避けられるはずだ。ましてや、花巻東も盛岡大附属も、中学生だった佐々木を勧誘したが、断られた側の立場である。

「そういう事情を知っていたら、失礼にあたると考えて申し込まなかったかもしれませんが、僕は朗希を勧誘していたなんて知りませんでしたから（笑）。このへんは私立と公立で立場が異なるからかもしれません。もちろん、公式戦で対戦するかもしれない相手に隠すことも大事かもしれませんし、データも取られるでしょう。でも朗希の成長の助けになればと思ってアドバイスを求めました。みなさん、丁寧に答えていただけました」

こうした言葉からも、高校野球の枠の中での〝勝利至上主義〟にとらわれていない國保の考えがうかがえる。

高校生活を送る中で、佐々木のガチャガチャした動きは次第に滑らかさを増していった。

「僕が何かを指導したというようなことはないと思います。朗希は研究熱心な投手で、学者っぽいところがあった」

というと――。

「なんとなくそう思うだけです（笑）。本人が考えたり、いろいろな人に聞いたり、今流行のスマホで仕入れてきた投げ方などを練習で試しながら成長していった。理詰めでピッチングを考える理論派だと思いました」

佐々木が中学生だった頃に指導した志田一茂は、得た知識や理論をマウンドで再現する能力が高かったと話していた。プロ入り後、佐々木が千葉ロッテの先輩野手の打撃フォームを再現する動画をインスタグラムに投稿したことがあったが、こうした野球選手の人まねも、意外なことに佐々木は得意だったという。

「運動共感能力ですね。見たものを、実際に自分の動きで再現する能力。確かにそういった力は秀でていたように思う」

2年生の夏には157キロを記録した。骨格の成長は続いていたが、中学時代のように成長痛に苦しむような時期はなく、投げられない時期もなかった。順調に令和の怪物は成長していったが、國保は球数や登板間隔には気を遣った起用をしていた。だからこそ、2

年夏の大会でも佐々木が登板することなく大船渡は3回戦の西和賀高校に敗れ、最高学年となった同年秋の岩手大会も、準決勝で登板し敗れた次の3位決定戦では、佐々木をブルペン待機させた。もし3位決定戦で勝利していたら東北大会に駒を進めており、センバツの切符は勝ち取れなかったとしても、21世紀枠で出場していた可能性は極めて高い。

「3年間を通じて、一番気にしていたのは、朗希の疲労度です。ストレッチを怠《おこた》らず、夏場も冬場もゆっくりお風呂に入って……『手首や足首など、身体の首がつく部分は大事だよ』という話はしていた。すべて、川村先生の受け売りですけど、眠る時の姿勢なども気にするように伝えていました。疲労度というのは、数値では表せないですよね。本人の主観と、私の主観で推し量るしかない」

佐々木が3年生となる直前、高校日本代表の合宿で佐々木は163キロを記録した。その後、令和の怪物に対する注目度は桁違《けたちが》いに高まり、練習試合や公式戦の度《たび》に大勢の人間が駆けつけた。

「注目される大変さというのは、意外になかったんです。いろいろな方の目が向けられると、自分を客観視する場面が多くなる。これでいいのか、この姿勢でいいのか、この心構えでいいのか。そうやって自問自答を繰り返すことで成長していける」

3年夏の決勝の日の朝、佐々木の疲労度は頂点に達していた――と、國保の目には映った。

「表情、歩き方。あとは雰囲気。決勝も登板して、甲子園切符を勝ち取りたい。そういう心境で、酷暑の中で投げた時に、疲労度がどう身体に影響するのか。その点を一番考えました」

「エースと心中」は選ばない

日本の高校球児は7月に地方大会を戦う。加盟校の多い都道府県では6試合から7試合程度、勝ち抜かなければならない。そして8月に阪神甲子園球場で17日間（休養日を含む）にわたって開催される全国高等学校野球選手権大会では、最大で6試合を戦うことになる。日本特有のビッグトーナメントは、酷暑の時期に短期間で争われるため、選手層が厚いとは言えない公立校などは、どうしてもエースに頼りがちになってしまう。つまり、監督は「エースと心中」を選ばざるを得なくなる。

だが、大船渡の青年監督は、2019年の岩手大会決勝で、甲子園切符に手が届きかけながら「エースと心中」を選ばなかった。

もし國保が甲子園出場を義務づけられて招聘《しょうへい》された私立の監督なら下せない決断だろう。

「それはあるかもしれません。私立の監督さんは大変だと思います」

選手のケガを予知することなど不可能だ。しかし、2年半という時間を共にしてきた指導者ならば、予測することは可能かもしれない。仲間の夢を背負った孤高のエースは、ケガのリスクを顧《かえり》みずに、甲子園を目前にすればマウンドに上がり、平時と同じようにベストピッチを心がけるに決まっている。だからこそ、すべての責任を負い、批判の矢面《やおもて》に立とうとも、歯止めをかけるべき人物が必要なのだ。それが、大船渡における國保の役割だった。

もし、佐々木があの日、登板していたとしても、ケガを負うことなく試合を終えられた可能性は高い。だが、たとえ数%であってもケガの恐れがあったのなら、投げさせない。

そう國保は判断したのだ。

あの日の決断は大論争となり、國保は批判された。だが、國保の決断によって、骨格の成長が止まっていない、身長190センチで細身の高校球児が、160キロ超のボールを投げられてしまうリスクを日本中が認識した。ゆえに、ドラフト1位で佐々木を迎え入れた千葉ロッテは、1年目の佐々木に対し一軍に帯同させながら実戦登板を急《せ》かさず、体作りを徹底した。2年目に初めて対外試合に登板し、5月に一軍デビュー、初勝利を飾った。

登板回避騒動から3年、國保の表情は晴れやかだった（筆者撮影）

それ以降は、およそ2週間に一度のペースで先発させ、ダイヤの原石を磨いていく。

そして、3年目のシーズン序盤に完全試合を達成し、千葉ロッテのエース格となっている。完全試合を目前にしながら降板した時も、千葉ロッテの指揮官である井口資仁の判断が支持されたのは、最速164キロにまで進化している怪物のさらなる飛躍を期待しているからだ。多くの野球ファンが、あの日の國保のような温かい目で佐々木の成長を見守っている。

かくして、投げない怪物は覚醒した。それは國保の英断があったからであり、野球界に一石を投じた青年監督の功績は計り知れない。

第4章

甲子園から「先発完投」が消えた

——2019年

昭和・平成の「怪物」たち

甲子園の歴史――開催回数が90回以上を数える春の選抜高等学校野球大会（センバツ）と、100回を超える夏の全国高等学校野球選手権大会の歴史は、大会をひとりで投げ抜く怪物エースの歴史だった。

初めて「怪物」の名が冠せられたのは、栃木・作新学院の江川卓（元・巨人）だった。今も語り種となっているその豪腕と、藤子不二雄《ふじこふじお》Ⓐの漫画『怪物くん』の主人公のように耳が大きいことから、江川は怪物と呼ばれ、愛された。高校時代の公式戦だけでもノーヒットノーランを9回記録し、完全試合も二度、達成した。1973年春のセンバツでは準決勝で敗れるも、4試合で60奪三振を記録。江川の直球の球速は150キロを超えていたとも、それ以上だったともいわれるが、スピードガンが普及していなかった時代のため、直球の球速や威力はより神格化されて伝わってきた。

江川以前にも、61年夏の甲子園を制した浪商の尾崎行雄が「怪童」と呼ばれ、法政二（神奈川）の柴田勲《しばたいさお》（元・巨人）とは幾度も甲子園で名勝負を演じた。尾崎は東映フライヤーズ、日拓ホームフライヤーズで12年間のプロ生活を送り、通算107勝をあげた。指先にマメができやすい体質だったことでも有名で、ケガに見舞われなければもう少し長く、そしてさらに勝利を重ねることができたかもしれない。ともかく、令和の時代から高校野球の歴史を振り返った時、昭和の怪物と言えば、尾崎と江川の名が挙がる。

平成に入ってからも、誰にもマウンドを譲らない孤高の怪物は存在した。98年夏の甲子園では、神奈川・横浜の松坂大輔（元・埼玉西武ほか）が決勝の先発マウンドに上がり、ノーヒットノーランという離《はな》れ業《わざ》で、春夏連覇を達成した。この大会で松坂が投じた球数は、767球にのぼった。

さらに2006年夏の決勝・早稲田実業（西東京）対駒大苫小牧（南北海道）は、延長15回を戦っても決着がつかず、再試合となった駒大苫小牧の田中将大（現・東北楽天）と共にこの試合で怪物級の投球を見せたのが早稲田実業のエース・斎藤佑樹（元・北海道日本ハム）だった。「ハンカチ王子フィーバー」の主人公は、再試合を含めた全7試合をほぼひとりで投げ抜き、その球数は史上最多となる948球を数えた。

そして――平成最後の選手権大会となった18年夏、秋田の公立校・金足農業が快進撃を見せ、「カナノウ旋風」が甲子園に吹き荒れた。秋田大会の初戦から、甲子園の決勝で大阪桐蔭の強力打線に打ち込まれて降板するまで、エースの吉田輝星（現・北海道日本ハム）が1517球を投げ、たったひとりでマウンドを守り続けた。高校野球に一時代を築く大阪桐蔭が、100回目の記念大会で史上初となる二度目の春夏連覇を達成しながら、決勝後の話題は敗者の金足農業と吉田が独占した。高校野球のファンは、酷暑の中でマウンドに上がり続ける怪物の登場を心待ちにしているのだ。

松坂も斎藤も、そして吉田も、メディアが大きく取り上げた甲子園のスターであり、トーナメントを勝ち抜く途中で監督が「投げさせない」という判断を下すことは、非常に難しい空気とチーム事情があった。

松坂は準々決勝のPL学園（大阪）戦で延長17回を投げ抜いた翌日の準決勝・明徳義塾（高知）戦こそ、先発を回避されたが、6点のリードを許していた横浜が8回裏に2点差に詰め寄り、松坂が右腕に巻いたテーピングをむしり取ってマウンドに向かうと、甲子園の観衆はどよめき、叫声をあげ、雰囲気が一変する。それが9回裏の逆転サヨナラ劇を呼び込み、甲子園の歴史に残る名場面となった。

もちろん、エース級の投手が複数いて、連戦の中でローテーションを組んだり、1試合の中で仕事を分担し、継投で勝ち上がるようなチームこそ、いつの時代も強者であることは間違いない。たとえば、1987年に春夏連覇を達成したPL学園など、全国制覇を目指す学校の理想型だろう。野村弘樹《のむらひろき》（元・横浜）、橋本清《はしもときよし》（元・巨人ほか）ら、3人の好

100回目の夏の甲子園を制したのは大阪桐蔭だったが、敗者の金足農業・吉田に話題は集中した

投手を次々と投入して圧勝した。2018年の大阪桐蔭も、根尾昂《ねおあきら》（現・中日）や柿木蓮《かきぎれん》（現・北海道日本ハム）、横川凱《よこがわかい》（現・巨人）らの投手陣で勝ち上がった。この年、4人がプロ入りし、今後、大学や社会人を経てプロ入りするOBも生まれるだろう。

一方で、1991年夏に773球を投げて沖縄水産を準優勝に導いた大野倫《おおのりん》（元・巨人ほか）や、2013年春のセンバツで772球の熱投で済美《さいび》（愛媛）の準優勝に貢献した安樂智大《あんらくともひろ》（現・東北楽天）などの際には、「投げすぎ（投球過多）」が故障を招いたという批判も起きた。以来、肌寒い春にしても、酷暑の夏にしても、マウンドをひとりで守り続けることの代償の大きさも、先人たちの〝犠牲〟によって周知されるようになった。時に、大会中の酷使が投球障害を呼び、その後の野球人生を狂わせる。それを避けるために、日本高野連はベンチ入りメンバーを増員し、大会中に休養日を設けるなどして対処してきた。

それでも「エースと心中」こそが高校野球の美学という世間の常識は、平成の時代を通じても大きくは変わらなかった。

あだち充《みつる》作品をはじめ、数々の名作がある高校野球マンガも、必ずと言っていいほど、主人公は孤独なエースだ。幾人も投手を起用して勝ち上がっていく様を描いたとて、読者の心には響かないのだろう。

しかし、高校野球の歴史に刻まれる衝撃をもたらした大船渡・佐々木朗希の決勝「登板回避」事件のわずか12日後に開幕した19年の全国高校野球選手権大会では、明らかに高校野球には地殻変動《ちかくへんどう》が起き、勝ち上がっていく学校の戦い方に変化が見られた。20年のセンバツから予定された「1週間に500球以内」という球数制限の導入を目前に、高校野球は新時代を迎えていた（20年のセンバツは新型コロナウイルスの感染拡大のために中止となり、実際は21年のセンバツから導入された）。

19年の高校3年生世代には、卒業後に東京ヤクルト入りした石川・星稜の奥川恭伸、沖縄・興南の宮城大弥《みやぎひろや》（現・オリックス）ら甲子園組に加え、佐々木や岡山・創志学園の西《にし》純矢《じゅんや》（現・阪神）など、プロ入りから本書の発刊（22年夏）までの2年あまりで大きな飛躍を遂げている選手たちがいる。豊作だったこの年の甲子園は、これからの高校野球を占う戦いであり、未来の日本野球を担う逸材が揃っていた。高校野球界に起きた新たなうねりにスポットを当て、改めて詳報していきたい。

「継投」で勝ち上がる

第１０１回全国高等学校野球選手権大会の開会式の入場行進を眺めながら、私は全出場校の戦績や全選手の情報が掲載された『甲子園２０１９』（朝日新聞出版）を開いていた。甲子園観戦に必携《ひっけい》のこの一冊に、興味深いデータが掲載されていた。

全49代表校のうち、地方大会をひとりの投手だけで勝ち抜いた学校は、徳島の鳴門だけだったのだ。

つまり、１年前の夏の準優勝校・金足農業の吉田輝星のように、地方大会からひとりでマウンドを守り抜くような投手は見当たらず、私立も公立も複数の投手を起用し、投手陣を総動員して甲子園にたどり着いていた。

岩手・大船渡の監督である國保陽平は、令和の怪物こと佐々木朗希を起用しなかった岩手大会決勝後、こんなことを漏らしていた。

「結局、私が佐々木に続く投手を育てきれなかったということです」

賛否両論が渦巻いた令和の怪物の登板回避騒動が起こった同じ夏に、先発完投型の投手が甲子園から消えた――。

実際に開幕してからも、先発投手が完投するケースは少なく、継投で勝ち上がる学校が目立った。優勝候補だった東海大相模（神奈川）は、豊富な6人の投手陣にあって神奈川大会で最も投球回数の少なかった投手を甲子園初戦（滋賀・近江戦）の先発マウンドに送り、3人の継投で勝利。当時、高校四天王と呼ばれた奥川恭伸を擁した星稜ですら、2回戦の立命館宇治（京都）戦では4投手を小刻みにつないで勝ち上がり、準々決勝・仙台育英（宮城）戦も、エースを温存しながら、奥川以外の2投手の継投で勝利した。エースを万全の状態で大会終盤を迎えられるように、決勝から逆算したような戦いが展開された。

それはプロ野球のように投手の分業制がより一般的となり、「エースと心中」が、死語となっていく未来を予感させた。

何より、佐々木朗希の岩手大会決勝登板回避が大きな騒動となったことを受け、エースを酷使する「連投」を、世論が、そしてメディアが許さない空気が生まれていた。

投げすぎバッシング

963――。

この数字は、鳴門のエース左腕・西野知輝《にしのかずき》（現・山梨学院大）が2019年夏の徳島大会5試合と甲子園2試合で投じた球数だ。敗れた2回戦・仙台育英戦の8回裏、西野に代打が送られ、西野はこの夏初めてマウンドを仲間に譲った。試合後、同校を指揮する森脇《もりわき》稔《みのる》は、「なぜひとりで投げさせたのか」という、大手新聞記者の追及に遭っていた。

甲子園が決まってからというもの、繰り返し同じ質問を受けていた森脇は、うんざりしたように、こう回答した。

「もう何回も説明しています。もう何回も……。試合展開が、継投を許す状況になかった。徳島大会はくじ運が悪く、厳しいゾーンに入ってしまい、西野に頼らざるを得ない状況でした」

前年夏の甲子園の閉会式で、当時の日本高野連会長・八田英二《はったえいじ》は、準優勝の金足農業について、「秋田大会からひとりでマウンドを守る吉田投手を他の選手がもり立てる姿は、目標に向かって全員が一丸となる高校野球のお手本のようなチームでした」と賞賛した。それからわずか1年。「理想的」と褒《ほ》め称《たた》えられたチーム作りへの評価が180度変わり、批判の対象になるのだ。

投手の酷使を避け、肩やヒジの故障を防ぐことを目的に、日本高野連は19年4月、「投手の障害予防に関する有識者会議」を発足。20年の選抜高等学校野球大会から、「1週間（7日間）で500球以内」という球数制限の導入を予定していた。こうした高校野球（甲子園大会）の未来に先んじて、各校が複数投手の育成に力を入れていた。それゆえ、時流に逆行するようにエースに頼った鳴門には、厳しい目が向けられていた。昭和・平成の怪物をあれほどもてはやしたメディアが掌《てのひら》を返すように、投げすぎを課す監督から球児を守るような正義感を振りかざしていた。

全国的に私立校が優勢の時代にあって、徳島は私立校が春夏の甲子園にたどり着けていない唯一の県である。前年の18年夏に甲子園で旋風を巻き起こした金足農業も、公立校の快進撃だったからこそ喝采を浴びたわけだが、時代の転換点にあって〝公立王国〟の徳島にだけ、エースに頼った采配が残っている事実は興味深い。

森脇はこんな苦悩を口にした。

「継投が現在の主流なのは間違いないでしょう。しかしながらエースがいて、2番手の子の力が大きく落ちれば、2番手投手を起用するのはためらわれます。確かに、(9回に2番手として登板した)竹内勇輝《たけうちゆうき》の今日のピッチングは素晴らしかった(自己最速を更新する141キロをマークし、無失点に抑えた)のですが、地方大会前の練習試合の内容であれば、なかなか起用には踏み切れなかった。起用を決めるのは、私であり、選手のプレーを見てきた関係者なんです……。

過去、板東湧梧《ばんどうゆうご》(JR東日本－現・福岡ソフトバンク)がいた13年は、今年のようにひとりで投げさせました。その翌年は、3投手の継投で戦いました。選手の巡り合わせによって、投手起用もそれぞれでしょう。仙台育英さんのように、4人の投手が同等にエース級で、力があれば継投も考えられるんでしょうが」

森脇の言うように、対戦相手の仙台育英は後述する最先端の「継投策」でこの夏、小さな旋風を巻き起こした。

エースと心中すれば目の前の試合の勝算は高まるかもしれない。だが、大会を勝ち上がるためにエースを温存すれば、今度は敗れる可能性が高まる。そうしたジレンマを口にして、鳴門の森脇は甲子園を去った。

ひとり50球が理想

仙台育英監督の須江航《すえわたる》は、系列の秀光中等教育学校（秀光中）の軟式野球部で監督を務め、２０１８年1月に仙台育英の指揮官に就任。独学でアナライズ（データ分析）を学び、それを活かした戦術眼で、母校でもある仙台育英を2年連続で夏の甲子園に導いていた。

19年当時、仙台育英には秀光中出身の将来有望な1年生がふたりいた。いずれも中学時代に軟式球で１４０キロを超えている逸材だったが、須江は高校入学後のふたりに対し「1週間に２００球以内」という制限を設けて球数を管理し、肩やヒジへの負担を考慮しながら、試合に起用してきた。

初戦の飯山（長野）戦では、９イニングを4投手で「３・３・２・１」と分担する形で20対１と大勝した。

さらに鳴門戦では3年生ふたりで6回までしのぎ、最後の3イニングは1年生が締めくくった。仙台育英の投手起用は、メジャーリーグで度々見られるような、リリーフ投手を先発させ、3回あたりからローテーション投手にロングリリーフさせる「オープナー」や、打者一巡したところで投手を交代させていく「ショートスターター」のような投手起用を想起させた。

ひとりの投手による先発完投ではなく、複数投手による継投を念頭において指揮を執る理由を、須江は次のように明かした。

「戦略・戦術的には勝率が上がると思っています。活きの良いピッチャーがショートイニングで投げていく方が、コントロール、球威が落ちないので、一戦を勝ち切る上でも重要だと思いますし、1試合あたりの疲労の度合いが少ないことはトーナメントを勝ち切る上でも重要になってくる。当然ながら、肩やヒジへの負担は軽減され、故障が生まれづらくなる。ただ、故障に関しては、試合における球数ではなく、練習での球数管理が大事になってくると思っています。短期間の過度な投げ込みがダメなのはもちろんのこと、1ヶ月の期間でもどれぐらいの球数が適当かを考えることが大事です」

ただ、「先発完投エース」がいなくなることによって、鳴門のような公立校が衰退し、仙台育英のような私立が有利になるかというと、必ずしもそうではない。

19年夏の全国の代表校を見渡して、目にとまるのは春1回、夏6回の優勝実績のある広島商業や、熊本工業をはじめとする伝統公立校の復活だった。

その2年前となる17年夏の甲子園は49代表校のうち、公立は8校だった。56代表校だった100回目の記念大会でもある18年夏も同じ8校だった。少子化や野球人口の減少によって、年々、私立に有望選手が集まる傾向が強まっている中で、19年は公立校が14校にまで増えるという揺り戻しが起きていた。

全国から選手を集めることも可能な強豪私立に対して、名門公立校などは全国的なスカウト活動を展開することこそ難しいものの、地元の公立志向の選手が集まり、多くの選手を抱える部も少なくない。たとえば、広島商業は135人、熊本工業は110人と、全国有数の部員数を誇っていた。

離島や部員確保にさえ苦しむ小規模の公立校が、突如として地方大会を勝ち抜き、甲子園に現れる——そんな劇画的な展開は今後、なかなか起こり得ないかもしれない。しかし、公立であっても、選手の数を揃えられれば、戦い方次第で甲子園に出場することも可能だということを、広島商業と熊本工業の復活は示唆《しさ》していた。

ベテラン監督の意識改革

名将が率いる強豪校もまた、令和の時代に入って投手起用に様々な工夫を凝らしていた。高校野球界随一の策士である明徳義塾（高知）の馬淵史郎《まぶちしろう》は、歴代のチームとは明らかに異質の戦いを2019年の夏、繰り広げていた。

まず、高知大会では最も信頼を寄せる背番号「11」の2年生左腕・新地智也《しんちともや》（現・拓殖大）をひた隠しにし、決勝までの4試合を他の3投手の継投でしのいだ。

「途中で負けてしまったら、それまでのチームやったということ」

馬淵はそう腹をくくっていた。

温存の理由は、決勝の舞台で新地を万全の状態でマウンドに送り出したかったからだ。決勝の相手は、高知中学時代に150キロを記録した1年生の森木大智《もりきだいち》（現・阪神、20年ドラフト1位）を擁する高知高校。県内のライバルとの一戦に備え、新地を温存するだけでなく、馬淵は数ヶ月も前から森木が投じる150キロ超のボールを打ち返す対策をしてきた。

試合前は「試合中に練習より遅いと思えたら打てる」とうそぶいていたが、打順の組み替えも功を奏し、4対1と勝利。馬淵マジックが冴《さ》え渡《わた》る快勝だった。

「今年のチームは公式戦・練習試合で年間15敗もしていて、歴代でも最弱なんや。わしも監督として命かけとるからね。会心の試合ができて、甲子園に行ける。そりゃあ気分は良いよ」

2年ぶりとなる20回目の甲子園出場を果たした明徳義塾は、1回戦で大分の藤蔭に勝利した。続く智弁和歌山との2回戦では、初戦で1イニングしか投げなかった新地を先発マウンドに送った。対する智弁和歌山の先発も背番号「11」の投手。ひと昔前ならふた桁背番号の投手が先発すると、「相手をなめている」と思われても仕方なかったが、現在は少なくとも監督や選手がそうした見解を抱くことは皆無になっている。

智弁和歌山は、MAX149キロのエース右腕と140キロオーバーの2年生投手をブルペンで待機させた。こうした最も信頼を置く投手を後半に起用する戦い方は、19年春のセンバツで準優勝した習志野（千葉）も得意とする策で、主流となりつつあった。出場49校の中で最年長監督だった馬淵と、甲子園最多勝監督である高嶋仁のあとを継ぎ、18年秋に智弁和歌山の監督に就任した元プロ野球・阪神の中谷仁《なかたにじん》との対決は、中谷に軍配が上がった。

明石商業（兵庫）の監督である狭間善徳《はざまよしのり》は、馬淵の弟子というべき指揮官だ。28歳の時に明徳義塾中・高のコーチに就任し、中学の監督時代は4度の全国制覇を達成した。その後、06年に母校である明石商業のコーチとなり、07年に監督に就任。大胆な采配と、記者を前にしても歯に衣を着せない発言は、まさに師匠譲り。記者の間でも、人気は高い。

明石商業は地域の手厚い支援を受け、2000年代に入ってから勢いをつけてきた市立の公立校である。16年春のセンバツで甲子園初出場を果たし、18年夏から3季連続で甲子園に出場していた。

軟式野球の指導経験も豊富な狭間は、バントや盗塁、エンドランといった小技を得意としながら、馬淵のように大胆な策も講じられる監督である。

19年春は、2年生エースで149キロ右腕・中森俊介《なかもりしゅんすけ》（現・千葉ロッテ）と、中学時代に実に46校から誘いがあったスーパー2年生で、強豪・智弁和歌山との準々決勝では先頭打者本塁打＆サヨナラ本塁打を放ったリードオフマン・来田涼斗《きたりょうと》（現・オリックス）を中心とした戦いで、準決勝まで進出した。

続く19年夏は2回戦からの登場となった。組み合わせ抽選で初戦の相手が、17年夏の甲子園王者・花咲徳栄《はなさきとくはる》（埼玉）に決まると、狭間は「まいったなー」というような表情で天を仰いだ。試合は中森が1点を先制されると、明石商業が逆転に成功する緊迫の展開に。花咲徳栄も一度は同点に追いついたものの、中森が辛抱強く、再逆転を許さなかった。

中3日が空いた3回戦の相手は山口の宇部鴻城《うべこうじょう》。この日の先発マウンドに狭間はエースを送らず、背番号「10」の3年生左腕に託した。だが、1回表に2点本塁打を浴び、宇部鴻城が主導権を握った。

狭間はこの日、中森を起用するつもりはまったくなかったという。

「どんな状況になったとしても、中森を使うつもりはありませんでした。それは選手全員に伝えていました。私としては、一戦必勝なので、宇部鴻城さんに勝つことだけを考え、中森を投げさせたい。ベスト8が目標なら、7、8、9回あたりで投入を迷ったかもしれない。だけど、子どもらは全員、『日本一になりたい』と言うわけです。それなら日程を頭に入れながら、中森の疲労度を考えて、それ相応の戦いをしていかないといけない。試合前、選手には『今日ぐらい、中森にラクさせたれ』と伝えていましたね」

試合中、中森が甲子園の一塁側ブルペンに向かうことはなく、キャッチボールさえ、やらなかった。これも狭間の指示だ。

「試合前のノックで、中森が練習補助員にボールを投げ渡していた。それを見て『なに投げてんねん!?』と怒りたくなった。キャッチボールの一球すら投げてほしくなかったんですわ」

新時代の名将の条件

選手の自主性や選手の判断を重視する「ノーサイン野球」も昨今は珍しくない。だが、明石商業は狭間のサインひとつで、全選手が連動するように動いていく。明石商業は監督の個性がそのまま野球に現れる今どき珍しい学校だ。宇部鴻城戦では、1対2とリードを許していた8回裏、先頭打者が単打で出塁すると、狭間は代走を送った。

送りバントで走者は二塁に進み、さらに三盗に成功する。すべて、狭間のサインだ。試合直後の狭間は、興奮のあまり、相手校の名前がすぐには出てこなかった。

「山口の宇部……宇部鴻城さんでしたっけ？　地方大会を含めた5試合の映像を時間の許す限り見て、相手のリリーフ投手のクセは完全にわかっていました。走者を背負っている際、必ずホーム方向を見ないと、投球動作を始められない。投手によって、いろいろなタイプがいて、走者を見ながら投球動作を始められる投手もいれば、走者を見なくても牽制ができる投手もいる。あのリリーフ投手なら、（俊足の代走を送れば）ほぼ100％三盗は成功すると確信していた」

昨今の高校野球において対戦校の選手の「クセ」をこうも公言してしまう監督は珍しい。もちろん、走者や走塁コーチなどが相手投手のクセから球種やコースを打者に伝達する行為は禁止されているものの、プレー中の打者や走者が、自ら投手のクセを盗むことは何も問題ない。しかし、狡猾《こうかつ》な印象を抱かれるために、そうした発言は好まれない傾向にある。

1死三塁。カウントはスリーボール・ツーストライク。ここで狭間は、奇策に出た。三塁走者にスタートを切らせ、打者にはミートだけを心がけるノーステップのヒッティングを指示したのだ。つまり、走者三塁からのヒットエンドランである。

硬式野球では常軌《じょうき》を逸《いっ》するような作戦に見えても、ボールが飛ばず安打の生まれにくい軟式野球では度々、見られる作戦だ。軟式野球の監督として四度の日本一経験がある狭間らしい策であった。

「相手投手に外される可能性があるケースであれば、バントの方がリスクは低い。なぜかと言うと、外されてもバントなら当てることが可能で、ヒッティングだと空振りする可能性が高いからです。反対に、スリーボール・ツーストライクのフルカウントからなら、まず投手は外してきませんよね。その場合、スクイズよりもエンドランの方がリスクは少ない。失敗の許されないスクイズと違って、ファウルになっても三振ではないという安心感が打者に生まれ、ボールを転がせる可能性が高まるんです。走者三塁からのエンドランの練習は常にやっています。あの競った試合の終盤に、取り組んできたことが活かせましたね」

エンドランで同点に追いつき、さらに延長10回に最大の見せ場が訪れた。1死満塁、ノーボール・ワンストライクのカウントから、今度はスクイズを指示し、見事に成功させる。

サヨナラ勝利を飾った。

監督の采配の妙と、野手たちが起用や策に見事に応えた結果、エースの中森が1球も投げることなく、明石商業は勝利を掴《つか》んだのである。

「トーナメントを戦う上で、逆算することも大事です。まだ3回戦という段階で、大きなことを言うつもりはありませんが、決勝まで行こうと思うなら、どういうスケジュールで投手を起用していくべきか。大局観ではありませんが、大会全体を見る目がなければ勝てへんでしょう。たとえば、初回から投手に盗塁を命じて走らせたり、エンドランをかけて走らせて、その影響によって試合終盤のマウンドでバテてしまうようなら、走らせるわけにはいかない。私は、選手の性格や特徴、体力を把握した上で、起用を考えています。今日の試合で中森が投げて勝ったとしても、中1日で臨む次の試合で投げることは不可能なんです。ですから、何度も言いますが、今日は中森を使うつもりはまったくありませんでした」

狭間の高笑いは止まらなかった。

「勝てば官軍でしょう。勝ったらこうやって記者さんも寄ってくる。負けたら誰も寄ってこんでしょう、ガハハハハ」

甲子園を後にする敗軍の将がよく口にする言葉がある。

「先を見すぎてしまった……」

つまり、目の前の対戦相手ではなく、トーナメントの山を睨《にら》み、その次、あるいはその先に対戦する学校との戦いを見据えて、エース起用を控えたりした結果、敗れてしまった。そうした際にポロリと漏らしてしまうフレーズだ。

狭間の甲子園の戦い方は、まさしく先を見た戦いである。単純にスケジュールで判断するだけではなく、相手の実力を分析・把握した上で、「中森回避」の判断を下しているのは言うまでもない。中森を使わずに敗れるようなら、そもそも日本一を目指せるようなチームではなかったということ。狭間と、ナインは、そう腹をくくっていたのだ。

続く準々決勝の八戸学院光星《こうせい》（青森）戦でも狭間は控え投手を先発させ、中森は7回途中からマウンドに上がって勝利した。これもまた「日本一を狙うための投手起用」と打ち明けた。そして、2日後の準決勝・履正社（大阪）戦。「準決勝、決勝は中森と考えていました」という狭間は、中森を先発に起用する。しかし、大阪桐蔭と共に、激戦区大阪の高校野球をリードしてきた履正社の強力打線が一枚も二枚も上手だった。中森は初回に4失点を喫し、そのビハインドを覆せず、明石商業は1対7で敗れた。

春に続いてベスト4止まりとなったが、狭間ほど投手の起用法を明確に選手だけでなく報道陣にまで明らかにし、大胆な継投策で大会を勝ち上がろうとした指揮官もいない。

新時代に評価される甲子園の名将——それは狭間のような監督ではないか。

狭間が2019年夏の甲子園で見せた采配は、大船渡の監督である國保陽平が高校野球界に投げかけた議論に対する、ひとつの答えだと私は受け止めた。

スーパー1年生の起用法

エースを起用せずして勝利すれば官軍、エースの登板を見送った結果、控え投手で敗れれば賊軍《ぞくぐん》——高校野球のファンはそういった見方をするし、控えの投手をマウンドに送ったことが敗因となるリスクは常にある。継投策や投手起用の妙で、勝敗が決する流れもまた、2019年夏の甲子園では明確になった。

優勝候補の東海大相模は、中京学院大中京（岐阜）とぶつかった3回戦で、先発した背番号「13」の1年生投手・石田隼都《いしたはやと》（現・巨人）が5回1失点と好投していたが、球数が93となり、6回から継投に入った。

すると7回に2番手の2年生投手が捕まる。3連打を浴びて1死も奪えずに降板。監督の門馬敬治《もんまけいじ》（21年に退任、22年秋から岡山・創志学園監督）はここで背番号「1」のエースを投入したが、さらに連打を浴びるなどしてこのイニングだけで7失点し、4対9で敗れた。継投策が機能せず、勝機を逸した印象は拭えなかった。

この試合で先発した1年生の石田は、中学時代から全国の強豪校が争奪戦を繰り広げた同世代随一の実力の持ち主だった。甲子園のマウンドにおける威風堂々《いふうどうどう》とした立ち居振る舞いや、長身左腕から繰り出される球威、変化球のキレは〝怪物〟の才能の片鱗《へんりん》がうかがえたが、チームの戦略として「9回まで投げさせる」という選択肢は最初から存在していない。

入学から4ヶ月ほどしか経っていない1年生投手が、酷暑の甲子園で大黒柱のエースとして活躍する例は過去の歴史を遡っても多くはないものの、ひとたびそうした選手が登場すると、彼らはまばゆい光を放つスターとなってきた。

古くは1977年夏の甲子園で鮮烈な投球を見せた愛知・東邦の坂本佳一《さかもとよしかず》。〝バンビ〟の愛称で国民に親しまれ、東邦を決勝に導いたが、延長10回にサヨナラ3点本塁打を浴びるという悲劇的な結末を迎えた。坂本はこの一度きりしか聖地のマウンドを踏んでいないが、その健気《けなげ》で懸命な姿が今も語り継がれる甲子園のアイドルであった。

ふた桁背番号の投手がマウンドに上がるのが当たり前に（写真は明石商業）

また80年夏に準決勝まで無失点という驚異のピッチングで、早稲田実業（当時、東東京。現在は西東京）を準優勝に導いた1年生エース・荒木大輔《あらきだいすけ》（元・ヤクルトほか）も甲子園のアイドルとなった。その後、5季連続で甲子園に出場し、息子に「大輔」と名付ける親が続出、いわゆる〝大ちゃんフィーバー〟が巻き起こった。

83年夏にはやはり1年生ながら、夏春夏の3連覇を狙った池田（徳島）を準決勝で完封するなど快投を見せ、PL学園を優勝に導いた桑田真澄《くわたますみ》（元・巨人ほか）が、同じく1年生で4番を張った清原和博《きよはらかずひろ》（元・西武ほか）との「KKコンビ」でセンセーショナルな甲子園デビューを果たしている。

荒木も桑田も背番号こそ「11」だったが、名門校の1年生エースとして、その名を全国に轟《とどろ》かせた。

こうして振り返ってみると、1年生投手が大車輪の活躍を見せたのは、主に70年代後半から80年代前半にかけてということがわかる。近年の甲子園では、1年生でエース級の実力があっても、指揮官が気を遣いながら起用するケースが散見される。

今後、投手の肩やヒジの負担への配慮がより求められる時代になれば、まだ体の出来上がっていない1年生の方が、より「制限」が必要という議論になるのだろう。坂本や荒木、桑田のような衝撃的な全国デビューを果たすスーパー1年生もまた、これからの甲子園では消えゆくのかもしれない。

19年当時、東海大相模の1年生だった石田は、22年春のセンバツで優勝投手となり、同年秋のドラフトでは巨人から4位指名を受けて入団した。

勝敗は「継投」で決まる

継投策で勝ち上がる学校が顕著に増えた2019年夏の甲子園において、決勝まで生き残ったのは石川・星稜と、大阪・履正社だった。

星稜は、初戦の旭川大（北北海道）戦で奥川恭伸がわずか94球で完封する。奪った三振の数は9。奥川にしては三振の数が少ない分、球数を抑えることを念頭に置いた投球に見えた。

最低でも3球投げる必要のある三振の数が増えれば、それだけ球数は増えていく。奥川は高校時代から三振を奪いにいく〝剛〟の顔と、相手に早いカウントから打たせて球数を抑えながら9回を投げ切る〝柔〟の顔もあった。いや、時には剛柔併せたような投球さえ見せた。危険度の高い主軸には剛の顔を、下位打線には柔の顔を。奥川は常々、「大人の投球をしたい」と話していたが、最後の夏を戦う中でそれもいよいよ完成に近づいていた。

立命館宇治との2回戦では、奥川を6回途中まで温存し、リリーフに上がった奥川が8回まで投げ、4人目の投手が試合を締めくくるという継投策で6対3と勝利する。

そして、3回戦の智弁和歌山戦である。決勝でもおかしくないような屈指の好カードで、奥川は二度目のタイブレークとなった延長14回までひとりで投げ抜き、1対1の14回裏に星稜にサヨナラ3点本塁打が飛び出し、4対1で勝利した。奪った三振は23、投じた球数は165。力の入った〝剛〟の奥川で、智弁和歌山を退けた。緊迫のマウンドから解放された奥川の目からはドッと涙があふれていた。こうした試合が必ず訪れるからこそ、日程に余裕のある序盤では可能な限り力をセーブしておく必要があったのだ。

当然、翌日の準々決勝・仙台育英戦で、奥川が投げることはなかった。この試合の星稜は、序盤からの猛攻で早々に勝負を決定づけた。

休養日を挟んだ準決勝の中京学院大中京戦もまた、味方が大量得点で援護し、奥川は9

対0の7回を終了後、87球でマウンドを譲っている。

星稜の当時の監督である林和成《はやしかずなり》は、こうした〝休み休み〟の起用で、奥川の疲労や肉体の張りに配慮しながら、試合の主導権を握り、勝ち上がっていった。奥川のようにドラフト1位でプロに進むようなエースを抱えていれば、どうしてもその投手に頼りがちになる。その点、星稜には奥川を休ませることができる投手陣が揃っていた。

奥川は石川の宇ノ気中出身だが、それ以外のメンバーのほとんどが付属の星稜中の出身で、中学時代に軟式野球の全国大会で日本一を経験している。エースに引っ張られるように、控え投手の力量も底上げができていた。こういうチームが甲子園を勝ち上がっていくのだ。

現代高校野球の理想型のような戦いを見せ、星稜は決勝に進出した。

大阪桐蔭に選ばれなかった男

一方、履正社のナインには1年前の苦い思い出があった。大阪大会準決勝の大阪桐蔭戦で、9回2死まで大阪桐蔭を1点リードしながら、逆転を許して敗れたのだ。

その1年後——大阪桐蔭戦にも出場していた主将で捕手の野口海音《のぐちみのん》（現・大阪ガス）は、

「一球の怖さを、あと1アウトの難しさを学びました」

と振り返っていた。それは3番を務める2年生・小深田大地《こぶかただいち》（現・横浜DeNA）にしても、4番の主砲・井上広大《いのうえこうた》（現・阪神）にしても、同じだった。

やはり大阪桐蔭戦に出場し、根尾昂から右前打を放った外野手の桃谷惟吹《ももたにいぶき》（現・立命館大）は、中学時代、大阪桐蔭への進学を夢見ていた。だが、声はかからなかった。大阪桐蔭の場合、本人がいくら希望したところで、声がかからなければ入学はかなわない。履正社に入学してからは、「打倒、桐蔭」それだけを胸に刻んで日々の練習に励んできた。

左腕エースとなった清水大成《しみずたいせい》（現・早稲田大）にしても、1年前は自分の不甲斐《ふがい》なさもあって、先輩投手に頼らざるを得なかった。あの試合はわずかふたりの打者と対峙しただけで、1死も取れずに降板してしまった。屈辱《くつじょく》を晴らす1年を過ごしてきた。

彼らは2018年秋の大阪大会で大阪桐蔭に雪辱を果たしているが、翌春のセンバツでは、星稜の奥川を前に何もできずに敗れてしまう。課題は明白だった。さらなる打線の強化と、エース・清水大成に続く投手の育成だった。

打線に関しては、冬からのトレーニングの量を増やした。例年は冬場にせっかく肉体を鍛え上げても、春以降、どうしても技術練習の割合が多くなってしまうために、夏にかけて徐々に筋力が落ちていくという難しい悩みがあった。当時の監督である岡田龍生《おかだたつお》（現・東洋大姫路監督）は直近の冬をこう振り返っていた。

「思いきって、技術練習の時間を削り、継続してトレーニングを続けた。その結果、冬の肉体を持続することができ、その結果、スイングスピードが増したんやと思います」

そして、大阪大会を勝ち抜くことができた最大の要因は、2番手投手として、2年生の岩崎峻典《いわさきしゅんすけ》（現・東洋大）が急成長を遂げたことだ。

岡田が続けた。

「夏の大阪大会が始まるまで、清水に続く投手がほんまにおらんかったんです。ところが、大阪大会で岩崎が目覚ましい成長を遂げ、試合で結果を残してくれた。嬉しい誤算でしたし、まったく想定外のことでした。彼の存在がなければ、全国制覇どころか、大阪大会の優勝も成し得なかったと思います」

19年夏の甲子園でも、岡田は準決勝の先発に背番号「17」の岩崎を起用。岩崎は一筋縄にはいかない狭間率いる明石商業を相手に1失点完投という快投を見せた。

さらに決勝でも岩崎は、先発した清水が7回裏に2点を失って同点に追いつかれると、2死一、二塁という大ピンチの場面で、マウンドに送られた。後続を打ち取って岩崎がピンチを切り抜けると、直後の8回表には主将の野口海音と岩崎自身にタイムリーが飛び出し、そのまま逃げ切った。

あくまでエースは清水だったが、岩崎の存在があったからこそ、清水は初回からフルスロットルの投球を心がけ、疲れたところを見計らって、岡田がタイミング良く岩崎を送り出した。こうした一打逆転という窮地の場面こそ、「エースと心中」してしまいがちだ。上級生のエースが打たれて敗れたのなら、最後の夏を迎えている3年生も納得して高校野球に別れを告げられる。跡を濁さない戦略こそ「エースと心中」なのだ。だが、勝利のためにこそ、下級生であっても控えの投手を起用する。監督にも断固たる決意が必要なのだ。

大阪大会、そして夏の甲子園共に、履正社の胴上げ投手となったのは岩崎であった。

履正社はこの夏、清水と岩崎のふたりしかマウンドに上がっていない。一見すると、3人、4人の投手を併用する最新の潮流にそこまで乗った投手起用には見えない。しかし、

履正社はWエースの活躍で令和最初の甲子園を制した

清水と岩崎が両輪となって、つまりは岩崎もエース格に成長したことによって、Wエースが交互に先発し、もうひとりがリリーフするような試合運びが可能となった。

履正社の全国制覇もまた継投の時代の象徴的な出来事だった。

あらゆる学校が決勝までの戦いから逆算して継投を駆使し、どの投手をいかなるタイミングでマウンドに送るかに知恵を絞っている。東海大相模や仙台育英といった複数の投手を起用する戦いを見せた有力校が、敗れた試合では継投がうまく機能しなかったのに対し、エースの温存や救援を送るタイミングなど、投手起用がピタリとはまった星稜と履正社が、令和最初の甲子園の決勝で対峙したわけである。さらに言えば、星稜が中高6年かけてのチーム強化、履正社がシニアやボーイズの選手のスカウティングという、現代高校野球の「二大潮流」に沿った戦略を持って選手層を厚くした2校が勝ち上がったとみることもできる。

改めて整理されたデータを見ても、甲子園の戦い方は、大きく変貌を遂げた。

背番号「1」のエースが先発マウンドに上がらないことは多く、19年夏の甲子園を総括したスポーツ報知の調べによると、3投手以上の継投があったのは18年夏の22チームから、32チームに増えた。18年夏は記念大会で56代表校だったが、通常の49代表校に戻った19年夏のほうが多いのだ。8強入りした中では、履正社を除く7校が、3投手以上を登板させて勝ち上がり、そのうち5校は4投手以上がマウンドに上がったという。

岩手大会の決勝で大船渡の監督・國保陽平は、佐々木朗希の登板を回避させた。騒動を機に猛暑の中、過密日程でスケジュールが消化されていく夏の地方大会や甲子園で、エースに依存するような采配はより忌避されるようになり、決勝から逆算し、複数の投手の継投で勝ち上がっていく采配こそ賞賛される時代となった。

そして、佐々木を巡る騒動を経て、より一層、エースを酷使するような指揮官は登板過多に反応するようになった大手メディアや一部のジャーナリストからの強い反発に遭う。一度、マウンドを降り、外野などに回っていた投手を、再びマウンドに上げるような采配も、酷使と見なされる時代になっている。

日本高野連の事務局長を務めていた竹中雅彦は19年夏当時、高校野球が新時代を迎えていることを認めた。

「ほんの少し前まで、『先発完投』が当たり前でした。それが今は、継投策で勝ち上がる学校が顕著に増えました。これはひとえに、指導者の意識の変化だと思います。つまり、『障害予防』の意識が浸透し、その結果、継投が目立つようになった。その象徴的な出来事が、（大船渡の）佐々木君の一件だと思います。今、高校野球は過渡期にあたり、その変化のスピードがとにかく速い」

かつて、甲子園のベンチ入りメンバーは14人だった。１９７８年から15人となり、94年春のセンバツから16人に。さらに２００３年の夏からは、現行の18人となった。

また、延長戦の規定も、かつては18回まで試合は続行し、決着がつかなければ再試合となった。それが１９９８年の横浜対ＰＬ学園で起きた延長17回の死闘を機に延長が最大15

回となり、2018年春のセンバツからは延長13回からのタイブレークが導入された。ベンチ入りメンバーの拡大や、延長の短縮および決勝を除く引き分け再試合の廃止は、いずれも球児たちの身体を守るという観点から導入されたものだ。

こうした障害予防の次なる策が「球数制限」の導入であり、過密日程の緩和だ。日本高野連は19年9月に「投手の障害予防に関する有識者会議」を開催し、翌20年のセンバツから「ひとりの投手に対し7日間で500球以内」という、主に連戦もある3回戦以降の期間を想定した球数制限を設け、さらに「3連投禁止」も導入された。

19年夏の甲子園から、決勝の前日が休養日に充てられるようになったが、これも投手の酷使を避けることが目的である。竹中はこう話していた。

「日程に関しては、さらに考える必要があるでしょう。連戦をなくすのなら、3回戦の翌日にも休養日を設けるのが理想的。これから議論していくべき議題だと思います」

この発言の直後、竹中は病気で亡くなった。彼と親しかった私は、高校野球界への遺言のようにこの一連の発言を受け止めている。

これからの甲子園は、目の前の相手だけでなく、世論の動向も気にしながら、投手の肩やヒジの酷使を避け、登板過多にならないように配慮しなくてはならない。その時代の流れに対応するため、複数の投手を育て、継投策で勝利を手にしていくことが求められる。甲子園の頂点を目指す上でのチーム作りは、ひと昔前から大きく変わった。

適者生存──環境に適応した者だけが生き残れる。令和最初の甲子園では、履正社と星稜がそうした戦いを見せた。灼熱《しゃくねつ》の甲子園でマウンドをひとりで守り抜くエースは消え、盤石の継投策、つまりは「勝利の方程式」を構築できた学校だけが生き残っていく時代に突入した。

継投が主流となる時代は、指揮官の決断によって試合の行方は大きく左右される。ふた桁背番号を先発に起用する勇気だけでなく、2番手、3番手の投手をマウンドに送るタイミングもまた重要だ。控えの投手が先発して大量失点を喫すれば試合は序盤で半ば決してしまうし、ピンチの場面で登板したエースが勢いに呑まれて捕まってしまうこともある。好投した先発投手をマウンドから降ろしたところ、リリーフ投手が打ち込まれるケースもある。決勝から逆算した投手起用を考えたところで、机上《きじょう》の空論に終わる可能性からは逃れられない。エースが完投──それが指揮官にとって一番楽な選手起用であることは確かだ。

だが、甲子園にたどり着くような高校は、〝楽な戦い方〟を前提としない策を講じている。その戦略がうまく機能したチームだけが勝ち上がっていく。それが令和の時代の甲子園だ。

令和最初の甲子園で優勝した履正社と準優勝の星稜は共に、継投策やエース温存の判断がピタリとはまったことで、トーナメントを勝ち上がっていった。その練り込まれた戦略に興味をそそられる一方、一抹《いちまつ》の寂《さび》しさを感じずにいられない気持ちもある。

2018年の金足農業・吉田輝星のように、地方大会から甲子園の決勝まで、ひとりで投げ抜くような怪物はもう二度と生まれ得ないのかもしれない。

その引き金を引いたのが、大船渡の國保陽平だった。

第5章

「未来の怪物」争奪戦

――2018年

新時代の高校野球は、複数の投手を育てなければ甲子園はおろか地方大会も勝ち抜けない。となると、チーム作りも大きく変わる。重要になってくるのは選手のスカウティングだ。全国の強豪私立はその地域の有望中学生だけでなく、全国の才能に目を光らせ、越境留学を請《こ》うていく。「怪物のいない甲子園」の裏側では、熾烈《しれつ》なスカウト競争が繰り広げられているのだ。

私は2018年に、パナマで開催されるワールドカップへ派遣されるU−15侍ジャパンの代表選手選考トライアウトを取材した。全国各地から推薦された精鋭130名が参加し、代表の20枠を巡って競争倍率6・5倍という熾烈な争いが繰り広げられていた。そして、このトライアウトにはもうひとつの顔があった。全国の強豪校の関係者が会場を訪れ、スカウト合戦が繰り広げられていたのだ。

ここで〝青田買い〟されていた選手たちが、4年の日々を経る中で、どの高校を選び、そして卒業後はいかなる道に進んだのか。22年までの彼らの足跡を追うことで、興味深い結果が浮かび上がってくる。

トライアウトという見本市

関東、関西、そして九州の3ヶ所で開催されたトライアウトの全会場を回った私は、戦力を集める選手勧誘のあり方も大きく様変わりしていることを目の当たりにした。

関東会場となったJR東日本グラウンドのバックネット裏には、日大三（西東京）の監督である小倉全由《おぐらまさよし》をはじめ、浦和学院（埼玉）のコーチで元・巨人の三浦貴《みうらたか》など、関東の強豪私立の関係者がズラリと並んでいた。また近畿大グラウンドで行われた関西会場には大阪桐蔭のコーチである石田寿也や、当時、智弁和歌山のコーチだった中谷仁（現・監督、元・阪神ほか）の姿もあった。

九州会場にも姿を見せた石田は、スピードガンを手にして参加投手の球速を測り、別の強豪校関係者はストップウォッチで一塁到達タイムや捕手の二塁送球タイムを計測し、手帳にメモしていた。

私が三会場で目撃したのは、未来の甲子園球児の、いわば見本市だった。

日本国内にはシニア、ボーイズ、ポニー、ヤングといった様々な中学硬式野球のリーグが存在する。そうした団体の垣根を越えて、15歳以下の有望中学生を全国から集結させたのがU－15侍ジャパンだ。ボーイズやヤングなど、団体別の日本代表や元メジャーリーガーの野茂英雄《のもひでお》（元・ドジャースほか）が総監督を務めるNOMOジャパン、鶴岡一人《つるおかかずと》記念大会代表など、他にも選抜チームは存在するものの、逸材揃いという点でこの侍ジャパンが群を抜く。

トライアウトは一塁到達タイムの計測から始まり、ボール回しで肩の強さや送球の正確さを試し、投内連携や内外野の中継プレーで守備力をテスト。その後、首脳陣が見守る中で、投手陣はブルペンで数十球を投げ、野手はシート打撃に臨んだ。

数年前に全国制覇を達成した強豪校の関係者が話す。

「あまりおおっぴらにできる行動ではないので、高校名も私の名前も、都道府県名も秘密にしてください。ここには、日本のトップレベルの中学生が集まっている。来た目的はどうしてもうちに欲しい選手がいるからです。複数います。彼らが中学2年生の時からマークしていますね。他の学校関係者も、目的は同じではないでしょうか」

トライアウトには各地から逸材の中学生たちが集まっていた

ライバル校に動向を探られたくない。狙っている選手に横やりを入れてほしくない。そうした思惑も見え隠れした。

かつてPL学園は、母体であるパーフェクトリバティー教団の教会ネットワークを使って全国の有望選手の情報を得て、学校のある大阪府富田林市に精鋭を集めていた。長い伝統がある学校は、こうした独自の選手発掘ネットワークを持ち、OBが指導している硬式野球チームなどから有望選手の情報を収集している。関東ならば東京の日大三や神奈川の横浜、東海大相模などがその代表格となる。神奈川の両校はどちらの学校も近年、監督が交代しているが、指揮官が代わってもOBは変わらない。名将が退いても、スカウティングに苦しんでいるような噂は入って来ていない。

侍ジャパンのトライアウトに集結した高校のスカウト担当は、既に目をつけていた選手の成長や状態を見定めるだけでなく、新たな才能と出会ったら、所属のチーム関係者を通じて〝交渉〟に入ってゆく。プロのスカウトが、狙った有望選手の公式戦や練習試合に足を運ぶのとまったく同じ構図だ。

球児側にも思惑がある。このトライアウトや侍ジャパンの試合で目立った活躍をして、強豪校から声をかけてもらいたい。帯同する両親らにも、願わくば入学金や授業料が免除となる「特待生」として入学できる条件の良い学校に――そんな考えがある。九州トライアウトの参加者が話してくれた。

「やっぱり、日本代表に入って、強豪校に声をかけてもらいたいです。入学金の免除？　そこまで深く考えているわけではないですけど、できることなら両親には負担をかけたくないと思っています」

〝肩書〟を持つ中学生たち

この年のU－15侍ジャパンの監督は、巨人で活躍した清水隆行《しみずたかゆき》だった。関東トライアウトのスタート直前、浦和学院の三浦が清水と談笑していた。三浦にとって清水は、浦和学院、東洋大学、そして巨人と、直系の先輩にあたる。

元プロ野球選手が中学球児を指導し、元プロ野球選手が中学生のスカウティングに奔走《ほんそう》する。中学野球も新たな時代を迎えている。三浦は視察の目的をこう明かした。

「（浦和学院の）今のチーム状況や、欠けているポジションなどを踏まえて視察しています。基本的な能力の部分を見ていますが、球が速いから有望選手、遅いからダメな選手というわけではない。ここの結果だけで判断することはなく、気になる選手がいたら、所属チームに帰ったあとの試合や練習をチェックするようにしています」

スーツにネクタイを締めていた智弁和歌山の中谷は、練習試合の合間に、関西会場を訪れていた。

「中学硬式野球のレベルを確かめたくて来ました。嘘やろ、と思うぐらいにレベルが高いですね。僕自身は中学校の軟式野球部出身。現在は軟式の子が少なくなりましたが、智弁和歌山にも軟式野球出身の選手が入部してくる。軟式の選手の実力を推し量る上で、関西の硬式野球の実状を把握しておきたいんです。

野球を頑張って、甲子園に行って、将来はプロになる。プロにはなれなくても、大学に行けたり、優良企業に就職できたりする。そういう人生の道が拓《ひら》けていくのも、高校野球の魅力のひとつではないでしょうか。僕自身が野球で親孝行できた。そういうモデルケースを中学生にも提示できたら……」

関西地区のトライアウトには、レーザービームのような二塁送球で高校関係者をうならせた滋賀・湖南ボーイズの捕手・坂玲哉《さかれいや》が参加していた。ある関係者が携帯電話のアプリを使って、捕球後の二塁送球タイムを計測すると、1・85秒というプロ顔負けのタイムを叩き出したという。現役時代、捕手だった中谷の目にはどう映ったか。ニヤリと笑い、こう話した。

「ああいう子が、大阪桐蔭に行くんやろうな、と思いながら見ていました」

お好みの選手をライバル校に奪われやしないか、あわよくば他の学校に決まっている選手が翻意してくれないか。関係者同士による腹の探り合いが随所に垣間見えた。

少なくとも侍ジャパンのトライアウトに参加している選手たちのスカウト合戦では、この時点で中谷は後塵《こうじん》を拝していたようだった。だが、この年に中谷がスカウトした中学3年生は、中谷が監督となった智弁和歌山の一員として3年後の2021年夏の甲子園で全国制覇を遂げた。

当然のことながら、侍ジャパンに選出されることは、甲子園での活躍を約束するものではない。しかしながら、昨今では甲子園のテレビ中継でも、U－15侍ジャパンや他の代表歴が紹介されるようになった。球児たちの〝肩書〟として、あるいは選手の能力を測る目安として、侍ジャパンの経歴が注目を集めるようになり、高校野球の有力校に進学する前にまず、侍ジャパンに選ばれることを中学生が目指す時代となっているのは確かだ。

そして、侍ジャパンで代表入りするような中学生たちを何人も集め、他校から羨望《せんぼう》の目差《まなざ》しを向けられているのが、まさしく中谷が口にした「大阪桐蔭」なのだ。

「大阪桐蔭に行きます」

平成から令和の時代にかけて、高校野球をリードしてきたのは大阪桐蔭である。

1991年（平成3年）の夏、初出場・初優勝を飾った後、監督が西谷浩一《にしたにこういち》となってからも２００８年（平成20年）夏の第90回大会を制した。22年時点で春は13回の出場でそのうち４回優勝（通算31勝８敗）し、夏も11回の出場でそのうち５回が優勝（同38勝６敗）。春夏どちらも、決勝に進出すれば１００％の確率で大旗を手にしている。１９９８年の秋に監督に就任した西谷の甲子園の通算成績は、61勝11敗（優勝８回）と、驚愕の勝率を誇る。

大阪桐蔭の強さを支えているのは、徹底したスカウティングだ。

２０１８年のトライアウトにて、私が特に目を奪われた中学生は前述した捕手の坂、そして彼と湖南ボーイズでバッテリーを組む投手の樋上颯太《ひのうえそうた》だった。関西ボーイズ最強右腕とも称される樋上のＭＡＸは既に１４３キロに達していた。１４０キロオーバーを中学時代に記録する球児は決して珍しくはないが、樋上は真上から振り下ろす直球に重厚感があり、ブルペンで受けた坂のミットからは破裂音《はれつおん》が響いていた。

一方の坂は鉄砲肩に加え、一発の魅力を持つ右のスラッガータイプ。シート打撃ではデッドボールを受けていたが、まるで痛がるそぶりを見せず、平然とその後のメニューをこなしていた。身体が芯《しん》から強い印象を抱いた選手だ。

ふたりのプレーを熱心に見つめていたのは、大阪桐蔭の石田だった。勧誘の意思を訊ねると、「来てくれると嬉しいですね」と煙《けむ》に巻いた。

坂と樋上は、小学生時代は別のチームだったが、共に小学1年生から野球に励んできたという。ふたりは前年の冬、甲子園球場で開催された、中学硬式野球の関西一を決めるタイガースカップで不本意な結果に終わっていた。同じ高校に進学し、甲子園に出場して、聖地で一度味わった屈辱を晴らしたいという。

「進学先は決まっていますか」

私の問いに対し、ふたりは声を揃えた。

「大阪桐蔭です」

関西地区のトライアウトが終了し、帰路に就く湖南ボーイズバッテリーの後を追うように、駐車場で待っている家族の元へ向かっていたのが、大阪・忠岡《ただおか》ボーイズの捕手・池田《いけだ》陵真《りょうま》だった。小柄ながらセンスを感じさせたのはバッティングだ。トスバッティングでは鋭い打球をネットに打ち込んでいた。

「スイングスピードと広角に強い打球が打てることがウリだと思っています」

受け答えがしっかりしていて、吸い込まれるような大きな瞳が印象的だった。

「高校の先生方と話をさせていただく時も（目力のことを）言われます」

前田健太《まえだけんた》（現・ツインズ）を輩出した忠岡ボーイズで主将を務める彼は、考え得る理想のエリート街道を歩んできた。

「小学生の時にオリックスジュニアの選考会に行って合格させてもらって、中1の時にはカル・リプケン世界少年野球大会の選考会にも参加し、世界一になって帰って来ることができました。そういう意味では、（こうしたトライアウト受験や海外の試合も）場慣れしていると思います」

自信を持って語る池田にも進学予定先を訊ねた。

「大阪桐蔭です」

関西会場で出色のプレーを見せていた3人が、揃いも揃って大阪桐蔭に進学予定という。しかも、坂と池田は捕手でポジションがかぶる。トライアウトで注目を集めた同じポジションの選手が大阪桐蔭に行くことは、お互いに承知の上で決断したようだ。

近年の大阪桐蔭の選手を学年ごとに見ると、侍ジャパンをはじめとする日本代表のメンバーの中から、左右のエース級が集まってきている。同時に、捕手出身の選手が多いのも特徴である。

もちろん、投手と捕手のポジションはひとつずつしかなく、他のポジションに回る選手も出てくるが、監督である西谷は自身も捕手出身であり、とりわけ試合を俯瞰《ふかん》して見る捕手の経験は他のポジションでも活かされると考えて、重点的に集めているのかもしれない。

寮の部屋に限りがあるため、大阪桐蔭の選手の数はおおよそ一学年に20人前後だ。ゆえに、入学を希望したところで入部できるとは限らず、いわば、選ばれた者しか大阪桐蔭で野球はできない。そして、入学後には、日本一熾烈な競争が待つ。それを勝ち抜いた者だけが、名門の選手として公式戦に出場できるのだが、坂と池田は互いを意識し合い、入学の前から数年後の背番号を争っているのである。

関西地区のトライアウトを取材していて、驚くことがあった。ブルペンでの投球を終えた兵庫・ヤング佐用《さよう》スターズの選手に、大阪桐蔭の石田が声をかけていた。気になるのは会話の中身だ。勧誘しているようには見えなかったために、余計に気になった。その選手が明かす。

「1年生の時に一緒に入った選手がケガで辞めてしまったんですが、『今、彼は何をしているのか』と訊かれました」

この会話からわかったのは、大阪桐蔭で中学生の視察や勧誘を担当する石田は、中学1年生という早い段階から才能のある選手には目をつけ、その選手の動向を追っているということだ。さらに一緒に来場している指導者とも積極的に会話を交わし、情報を集めていた。今後のスカウティングに活かしているのだろう。ただ単に、日本代表に選ばれるような選手を上から順に声をかけているわけではない。

選手は〝選ぶ側〟でもある

場所は変わって、2018年のU－15侍ジャパンのトライアウト・九州会場。

そこには神奈川・横浜の参謀として甲子園通算51勝の名将・渡辺元智《わたなべもとのり》を陽に陰に支え、「平成の怪物」こと松坂大輔らを育てた小倉清一郎《おぐらきよいちろう》の姿があった。

14年に横浜のコーチを退任したあとの小倉は、要請のあった全国の高校を巡り、球児の指導にあたっていた。その日は臨時コーチを務める熊本・城北高校の監督と共に来場していた。

甲子園に春夏通算7度出場している城北も、昨今の県内の代表争いでは九州学院や秀《しゅう》岳館《がくかん》といった私立や、伝統公立校の熊本工業の後塵《こうじん》を拝している。巻き返しをはからんとする城北の監督は、選手への指導のみならず、勧誘においても、名伯楽《めいはくらく》の目を頼ったのである。強豪校の講じる強化策のあり方も様々である。

「ろくなヤツがいねえな」

小倉の口の悪さは相変わらずだった。しかし、突如として細い目を見開いたのが、シート打撃のマウンドに左腕の金井慎之介《かないしんのすけ》が上がった時だ。とにかくフォームが美しく精度の高いコントロールが際立っていた。

「腕の振りがいい。松井《まつい》（裕樹《ゆうき》、桐光学園－現・東北楽天）ほどではないが、スライダーもキレる。こいつはものになるかもしれねえな」

調べていくと、金井のチームは東京城南ボーイズで、監督は中学時代の松坂大輔を指導した人物。金井も横浜への進学を予定しているという話だった。

小倉や渡辺が退任して日が経ち、新たな時代を迎えている横浜だが、跡を継いだ指導者たちと、往年の横浜を支えた小倉が目をつけた才能が合致したことは、なんとも興味深い。

もうひとり、小倉が「投げっぷりが良い」と評価したのが、165センチと小柄な秋山《あきやま》恭平《きょうへい》だった。所属する筑後サザンホークスの練習場が福岡ソフトバンクの二軍球場に近く、既に同球団の関係者も視察に訪れているという。彼に関しては、明徳義塾の監督・馬淵史郎もご執心という噂が入って来ていた。

「まだ進学先は決めていないんですけど、左ピッチャーを育てるのが上手な学校に行きたい。鹿児島の樟南《しょうなん》とか、広島新庄とか。福岡から出るのはほぼ確定なんですけど……」

中学3年生であった秋山のこの言葉からは、野球強豪校に〝選ばれる〟側の中学生が、単純に甲子園に行ける可能性だけで進学先を決めているわけではないことがわかる。どういった学校に行けば自身が最も成長できるのか。その学校は投手を酷使するのか、勤続疲労を避けて選手の未来を優先するのか。あるいはどこの学校が、高校卒業後の進路が幅広いのか。彼らは選ばれると同時に、選んでもいた。

強豪校が示す〝ビジョン〟

再び、関西地区のトライアウト現場に話を戻す。同会場には、近年、急速に強化を進めて石川県の強豪となった日本航空石川でコーチを務める上田耕平《うえだこうへい》も来場していた。目的は、他の学校関係者とは少し異なる。

「石川だと歴史のある星稜高校さんが人気で、県内の中学生の目はどうしてもそちらを向く。星稜さんの付属中学には強豪の軟式野球部があって、そこからも入部してくる。星稜さんとは異なる選手獲得方法を探るために、ここに来ました」

２０１８年に日本航空石川は星稜と共に春のセンバツに出場（結果は共にベスト８）。甲子園に出場した年などは、中学生の反応も良いという。奈良の智弁学園出身の上田は選手を勧誘する際に、日本航空石川の練習環境を伝えて説得にかかる。

「寮の目の前がグラウンドで、雨天練習場も広い。（学校のある石川県輪島市は）冬場に雪が降るので、雨天練習場が広くないと練習もままならないんです。設備に恵まれていることを中学生に対しても訴えています」

甲子園にやってくる地方の高校の中には、公立中学校の軟式野球部で全国大会に出場し、好成績を残した選手たちが束になって同じ学校に進んだケースも散見される。無名校が

〝突然変異〟のように地方大会を勝ち上がり、甲子園にやってくるのだ。しかし、一度や二度、甲子園に出られたとしても、強豪校・常連校にまで進化するのは容易ではない。

また、地域のエース級ばかりを集めて、その後、ポジションを振り分けていくような強化の仕方も、平成の時代までは通用しても、これからの高校野球では難しくなっていく。少子化と野球人口の減少のためより激しさを増す獲得競争の中で、大雑把《おおざっぱ》なチーム作り、杜撰な戦略では、中学球児からもそっぽを向かれてしまう。

強豪を目指す学校は、私立であれ、公立であれ、独自の選手発掘・獲得ルートを模索《もさく》し、数年後を見据えたチーム作りのビジョンが求められているのだ。

新たな選手獲得ルートを開拓すべく視察に訪れた上田だったが、トライアウト終了後はこう嘆息《たんそく》した。

「このトライアウトに参加するような選手は中学3年の夏時点で既に進路が決まっているか、何校かに絞っている状況ですね。そこに割って入るのはなかなか難しい」

後日、侍戦士となる20名が発表された。主将は、関西会場に参加していた大阪・忠岡ボーイズの池田が務め、滋賀・湖南ボーイズの樋上と坂も、バッテリーで揃って選出された。

以下は選手名と18年当時の所属チーム、そして進学先である。19年に出版した『投げない怪物』では侍戦士20人の高校までの進路を書いたが、本書では高校在学中に甲子園に出場した選手（ベンチ入りは問わず）には「☆」のマークを学校名に付記し、さらに22年夏時点の在籍チームを明記した。侍ジャパンをきっかけに、いかに彼らが野球のエリート街道を歩いているかがわかる。

投手

樋上楓太　滋賀・湖南ボーイズ→☆大阪桐蔭→中京大

金井慎之介　神奈川・東京城南ボーイズ→☆横浜→東芝（社会人）

古川《ふるかわ》秀弥《しゅうや》　福岡・ヤング西福岡メッツ→☆福岡大大濠→中京大

本《ほん》田《だ》峻也《しゅんや》　石川・小松加賀リトルシニア→☆東海大菅生→亜細亜大

鈴《すず》木《き》唯《ゆい》斗《と》　愛知・SASUKE名古屋ヤング→東邦→立教大

畔柳《くろやなぎ》亨丞《きょうすけ》　愛知・SASUKE名古屋ヤング→☆中京大中京→北海道日本ハム（21年ドラフト5位）

藤森《ふじもり》粋《いき》七《な》丞《すけ》　青森・青森山田中→青森山田→法政大
秋山恭平　福岡・筑後サザンホークス→☆広島新庄→中央大
清《きよ》田《た》蒼《そう》陽《ひ》　愛知・新城ボーイズ→大垣日大→星城大

捕手
池田陵真　大阪・忠岡ボーイズ→☆大阪桐蔭→オリックス（21年ドラフト5位）
坂玲哉　滋賀・湖南ボーイズ→☆大阪桐蔭→同志社大
福原《ふくはら》聖矢《せいや》　沖縄・安仁屋ヤングスピリッツ→☆東海大菅生（選出時、中学2年生だったために、22年時点では高校3年生）
城下《じょうした》拡《ひろむ》　鹿児島・串木野ドリームズ→鹿児島実業→大阪ガス（社会人）

内野手
木本《きもと》圭一《けいいち》　静岡・静岡裾野リトルシニア→桐蔭学園→明治大
竹中《たけなか》勇《はや》登《と》　岡山・倉敷ビアーズヤング→☆大阪桐蔭→立教大

杉下海生《すぎしたあおい》　大阪・泉佐野リトルシニア↓☆天理↓天理大
齋藤広空《さいとうひろたか》　千葉・京葉ボーイズ↓日大三↓日本大
内山陽斗《うちやまはると》　大阪・羽曳野ボーイズ↓☆天理↓法政大

外野手
花田旭《はなだあさひ》　大阪・西淀ボーイズ↓☆大阪桐蔭↓東洋大
小畠一心《おばたいっしん》　大阪・オール住之江ヤング↓☆智弁学園↓立教大

こうして、代表に選出された時点ではまだ確定していなかった翌年春の進学先も併せて整理すると、日本代表に選ばれるような中学生球児を獲得していく、ヒエラルキーの最上位に位置する強豪校がどこなのか、よくわかる。

樋上と坂、池田に、岡山の竹中勇登、大阪の花田旭を加えた5人が、トライアウトが行われたこの年、春夏連覇を達成した大阪桐蔭に進学した。池田は1年秋からメンバー入りし、主将となった3年時には春夏の甲子園に出場した（共に初戦敗退）。だが、ポジションは捕手ではなく、外野手。コロナ禍によって、2年春、2年夏の甲子園が中止になった不遇の世代とも言えるが、池田は21年のドラフト会議でオリックスから5位指名を受け、入団。1年目から一軍の試合を経験している。また池田のライバルと目されていた坂は、時折、メンバーに入ることはあっても、最後まで正捕手の座は掴めなかった。彼らが最終学年になった時、捕手を守っていたのは2年生の松尾汐恩《まつおしおん》で、彼は遊撃手として入学した選手だった。

侍ジャパンのメンバーを見ると、大阪の硬式野球チームに所属する選手が天理、智弁学園（いずれも奈良）など隣県の有力校に進むケースが散見される。小畠は智弁学園のWエースの一角として、21年春はベスト4、同年夏は準優勝に輝いた。20人の中で最も聖地に愛された選手と言えた。

福岡出身の左腕・秋山は、16年にドラフト1位で北海道日本ハムに入団した堀瑞輝《ほりみずき》ほか、毎年のように好左腕を育てる広島新庄に進学した。高校1年の夏から活躍し、2年の夏には甲子園のマウンドを経験するなど、プロも注目する投手に成長していったが、最終的には中央大学への進学を選んだ。今後は大学野球の聖地・神宮球場からプロを目指すこととなる。

ヒエラルキーの最上位

過去のU－15侍ジャパン戦士の進学実績まで調べてみると、大阪桐蔭や神奈川の横浜、東海大相模、埼玉の浦和学院や花咲徳栄、愛知の中京大中京や東邦といった甲子園の常連校は、侍ジャパンに入るような逸材に早くから目をつけ、彼らが侍戦士となる頃には既に〝一本釣り〟に成功している。

逆に言えば、日本航空石川のように、トライアウト現場に指導者が足を運んでいたにもかかわらず、代表に選ばれた選手の進学先には含まれていない学校もある。地元・石川の小松加賀リトルシニアに所属していた左腕・本田峻也は、東海大菅生（西東京）への進学を選んだ。日本航空石川の上田が現場で話していたように、甲子園出場経験がある学校でも、それだけでは世代トップクラスの有力選手を獲得するのは容易ではないのだ。

高校野球では、甲子園実績とプロ野球選手輩出実績が目立つ学校を頂点とするヒエラルキーが存在し、上位の学校ほど世代トップクラスの球児を入学へと導くにあたって有利な立場に立つ。

改めて整理すると、硬式野球が盛んな関西、とりわけ大阪の球児は、大阪桐蔭もしくは履正社を目指す。いわゆる、ヒエラルキー最上位の学校である。それが難しければ関西圏の強豪に目を向け、あるいは東北圏など、関西出身者が多い私立に越境入学していく傾向が強い。関東圏だと、代表クラスの選手を揃えるのに特に熱心なのが横浜、東海大相模で、西東京の日大三、埼玉の花咲徳栄、浦和学院がそれに続く印象だ。

ただし、２０１８年の侍ジャパンのメンバーを見てもうひとつ気付かされるのは、3年後に「高卒ドラフト1位」でプロ入りした選手がいないことだ。この世代は新型コロナウイルスの感染拡大によって公式戦が少なかったため、「高卒ドラ1がいない代になるのでは」とも囁かれていたが、フタをあけてみれば市立和歌山の小園健太《こぞのけんた》が2球団から1位指名を受けて横浜ＤｅＮＡに入団。小園とバッテリーを組んでいた松川虎生《まつかわこう》も1位指名で千葉ロッテ入りして開幕戦からマスクをかぶり、佐々木が完全試合を達成したゲームでもバッテリーを組んだ。奈良・天理の達孝太《たつこうた》が北海道日本ハム、秋田・明桜《めいおう》の風間球打《かざまきゅうた》が福岡ソフトバンクから1位指名を受け、高知高校の森木大智は小園の外れ1位で阪神から指名を受けた。

U-15の日本代表に選出されることは、名門校や甲子園への近道ではあっても、それがそのまま高校での名声につながるわけではない。やはり、高校3年間でどれだけ伸びるかは、中学時代の〝肩書〟だけでわからない部分があるのも確かだ。だからこそ、強豪校の関係者はU-15のトライアウトだけでなく、幅広く目を光らせている。

スカウトの規定は?

中学生のスカウト活動に関して、厳しい規約があるわけではないが、最低限、守るべきルールは存在する。日本高野連に問い合わせると次のような回答だった。

「シニアやボーイズリーグの選手への接触については特に明文化したものはない。ですが、日本中学校体育連盟(中体連)の選手、つまり中学校の軟式野球部の選手への接触については規定があります。高校の指導者が、軟式の選手や保護者に直接接触するのは禁止されています。必ず中学校の先生を通すこと。接触の時期は各都道府県の規定に従うこと。概《おおむ》ね各都道府県で行われる最後の大会が終わり、軟式野球を引退してからが解禁となります。おおよそ7月、8月、9月あたりですね。シニアやボーイズといった硬式野球に関しては、実はそうした取り決めはない。しかし、基本的に中体連の規定に準じてほしいと思っています。選手や保護者への直接のアクセスは、硬式野球の選手であってもやらないように指導しています」

しかし現状は、有力選手だとより早い段階で高校関係者と中学硬式野球の関係者との間で言葉が交わされ、中学球児もある程度は回答を出している。

ボーイズリーグを統括する日本少年野球連盟にも質問を投げかけた。

「試合を見に来た高校の監督やコーチが親御さんと雑談レベルの話をしているような場合、それを止めるような権限はうちにはない。あまり大きな声では言えないが、中学3年生の春頃には内定している選手も多いと聞く。表立っての接触が始まるのはだいたい秋口になります」

結局、早くから中学硬式野球の関係者と関係を密に築いておくことが獲得の決め手になることが多いのだ。

トライアウトの現場を歩き、「未来の怪物」たちの証言を追ってみて、わかったことがある。それは「甲子園で燃え尽きる」ことなど、誰も考えていないということだ。甲子園出場は夢の通過点でしかなく、その先に待ち受けるドラフト指名や大学進学、果てはプロ野球選手としてのキャリアまで見据えて、高校を選択していることが見えてきた。

投手であれば、甲子園での勝利を目指しながらも、肩やヒジの負担を考慮して選手を酷使しない学校が好まれる。怪物級の才能を持つ選手にも「投げさせない」という判断ができて、かつ複数の投手を起用して勝ち上がる豊富な戦力が揃えられる学校——中学球児たちにとって長い野球人生を考えた時、そんな学校が最適な進学先となる。

高校野球での勝利と、将来のための身の安全という、一見すると二律背反することを両立できる学校こそ、令和の時代にトップクラスの選手から選ばれる強豪校のあり方である。大阪桐蔭がそうしたヒエラルキーの頂点に存在することには、それだけの理由がある。次章で詳しくみていく。

第6章

PL学園と大阪桐蔭　新旧の王者

――2021年

バックネット裏からの目線

野球シーズンとしてはなんとも季節外れな2021年の師走《しわす》、私は甲子園球場に足を運んだ。

毎年、この時期に開催されるタイガースカップの取材が目的だった。シニア、ボーイズ、ヤングといった中学硬式野球のリーグの垣根を越えて、関西ナンバー1を決するこの大会にもうひとつ、大きな意味がある。能力の高い選手は、高校進学の1年前となる中2の3月には進学先が内定するため、中学2年生にとっては名門校への進学に向けてアピールする最終テストの場なのだ。準決勝に進出した明石ボーイズ監督の筧《かけい》新吾《しんご》が話してくれた。

「この大会で活躍すれば人生が変わる。選手たちには、『3年夏の日本一ではなく、中2の冬に開催されるタイガースカップをまずは目指せ』と伝えてきました」

バックネット裏には全国の名門校の関係者がズラリと並んでいた。前章で述べたトライアウト同様、高校関係者が中学生球児を品定めする場であり、かつ中学生球児が強豪校に自分を売り込む場所でもあるのがタイガースカップだ。

明石ボーイズには、大会関係者や参加チームの関係者がこぞって注目選手として名前を挙げたスーパー中学生がいた。181センチの高身長から、クセのない美しいフォームで安定して130キロ中盤の直球を投げ込んでいた福田《ふくだ》拓翔《たくと》だ。登板後に話を聞いた。

「MAXは137キロです。(阪神などで活躍した)藤川《ふじかわ》球児《きゅうじ》さんのような、浮き上がるような直球を追求したい。変化球は2種類のスライダーと、自信のあるスプリットです」

もちろん、この大会は進路を決定する重要な大会と位置づけていた。

「高校の監督さんたちがいらしているのは知っています。アピールの場ではあるんですけど、意識しすぎず、チームのことが最優先だと思っています。(進学先は中学2年生の)3月には決めたい。どれくらいの話をいただいているのか僕はわからないですけど、(練習)グラウンドに来ていただいているのは知っています。大阪桐蔭か東海大相模に行きたい気持ちはありますが、明石商業も候補に入っています」

監督によると、「関西にあるほとんどの強豪校から話が来ている」と言い、その数は20校を超える。ヒエラルキー上位の2校と、地元の強豪公立校に福田の選択肢は絞られていた。

選手勧誘のルールとして、高校関係者が選手と直接接触することは許されておらず、中学硬式野球チームの関係者を通じて〝獲得〟の意志を表明する。そこから練習や試合に足を運び、熱視線を送ることで選手や保護者の心を動かしていく。図式はプロ野球のスカウティングと同じだ。関東の学校の監督が話してくれた。

「中学硬式野球が盛んな関西では、寮の部屋数の関係上、いわゆる〝特A〟と呼ばれる有望選手は約20人の枠しかない大阪桐蔭や、智弁和歌山などの人気校から内定していく。次のランクの選手が全国の強豪校に散らばり、さらにその選に漏れた選手たちが選ぶのが、東北や四国などへの野球留学です。声をかけたら無条件で入学を希望する大阪桐蔭などとは違って他の強豪校は特待生待遇などの〝条件面〟や環境面、甲子園への行きやすさで熱意をアピールしていきます」

タイガースカップの決勝を懸けた試合で、緩いボールを真芯で捉え、ライトスタンドに特大アーチを架けたのが関《かん》メディベースボール学院ヤングの金本貫汰《かねもとかんた》。中学生離れした筋肉質の肉体も目を見張ったが、聞いて驚いたのはそのスイングスピードだ。

「149キロです（笑）」

14歳の時点で高校生……いや、既に大学生のトップレベルのスピードだろう。

「中学での通算本塁打は11本で、すべてフェンスオーバーです。行きたい高校というのはなくて、試合に出られる学校を選びたい。目標とするのはイチロー選手です」

師走の聖地では、数年先の甲子園大会とドラフトを占う熾烈な争奪戦が繰り広げられているのだった。

そして、この争奪戦をリードするのが、やはり甲子園通算61勝を誇る大阪桐蔭の西谷浩一である。もちろん、師走の甲子園にも西谷の姿はあり、準々決勝の日は第1試合から第4試合までバックネット裏に陣取っていた。

1969年に兵庫県宝塚市に生まれた西谷にとって、自宅から近いここ甲子園は子どもの頃の遊び場だった。高校野球も観戦し、小学6年生だった81年、金村義明《かねむらよしあき》がエースで4番を務めて全国制覇を遂げた報徳に憧れた。

入学後、1年生の冬にチーム内で不祥事が起きて対外試合禁止処分に。最後の夏も1歳下の2年生が1年生に暴力を振るう事件が発覚して出場辞退となり、結局、3年間で一度も、甲子園の土を踏むことはなかった。西谷にとって憧れの甲子園は近くて遠い場所だった。

「だからこそ、甲子園に対する思いは人一倍強いと思うんです。大阪桐蔭の監督として、甲子園に出場することができる度に、選手をうらやましく思う。甲子園に足を踏み入れれば『帰って来られた』と思うし、敗れて甲子園を後にする時には『また戻って来られるのか』と不安になる」

西谷はそう話す。

一浪して入学した関西大学を卒業した後は母校のコーチを一時期務め、93年から大阪桐蔭のコーチに就任する。目標としたのはあの学校だった。

「どうやったらPLを倒せるか。そればかり考えていました。コーチになったばかりの頃は、良い選手さえ獲ることができれば、差は縮まると思っていました。ところが、選手を誘うと『もっと強くなってから来い』というような感じで、なかなか入学してもらえない。PLに実力のある『A』の選手が行くとしたら、うちには力がやや劣る『B』の選手しか来てもらえない。そんな状況でPLと同じことをやっていたら、一向に差は埋まりませんよね」

近年は西谷が中学野球の現場に足を運べば、たちまち誰を視察に来ていたのかと噂になり、西谷が視察した回数がその選手の評価として広まっていく。だが、西谷が大阪桐蔭のコーチとなった頃、今の西谷のような立場の人物がいた。

伝説のスカウトの引退

その人物こそ、ＰＬ学園（２０１６年夏に活動停止）の伝説のスカウトとして知られる井元俊秀《いのもととしひで》だ。

１９６２年に監督として母校でもあるＰＬ学園を初めての甲子園出場に導き、その後は野球部の顧問として全国の有望中学生に眼を光らせ、学園のある大阪府富田林《とんだばやし》市に集めて常勝軍団を築き挙げた。

同校で不祥事が起きた２００２年にＰＬを追われた井元は、青森山田で12年間、秋田のノースアジア大明桜でも８年間にわたってＰＬ同様の役割を担い、近畿圏の中学生球児を東北へと送り出してきた。

「ＰＬが強くなる以前も、選手を集める学校はあったと思いますよ。たとえば、同じ大阪の浪商は尾崎行雄らの時代は選手を集めていたはずです。昔はね、『ＰＬは全国から選手を集めている』と批判され、高野連に睨まれていた。でも、本当の事情は違うんです。ＰＬ学園は私学で、寮があった。だから、大阪の私学連盟から、『大阪の学生は大阪の学校に通わせたい。寮のあるＰＬ学園さんは地方の生徒を入学させてほしい』という要望が学校に対してあった。仕方なく地方の生徒に声をかけたというのが実状なんです。ところが、そうやって地方の選手が入学してくると、『プロのスカウトみたいだ』と……。だから私は『スカウト』という言葉が嫌いなんです」

60年以上にわたる高校野球との関わりの中で、これまでに携わった3校が春夏の甲子園に出場した回数は計45回にものぼり、通算の勝利数は99勝だ。この記録は甲子園通算68勝という歴代最多勝利記録を持つ智弁和歌山の前監督・高嶋仁の偉業と、個人的には同等に語り継がれてしかるべき業績と思っている。そして、プロに送り出した球児も総勢83人を数える。

「本当はもう少しプロになった選手はおるんだけど、私が認めていないプロがおるから、その選手はカウントしていません」

千葉ロッテのベースボールキャップを目深にかぶった井元は、深く刻まれた目元の皺《しわ》をさらにギュッと寄せ、ニカッと笑った。井元とは6年以上の付き合いとなる。だが、特定の球団のキャップをかぶって姿を現したことはこれまで一度もなかった。

21年に石垣島で行われていた千葉ロッテの春季キャンプに足を運んだ際、明桜のスカウトとして勧誘し、同校からプロに進んだ山口航輝《やまぐちこうき》（18年ドラフト4位）からプレゼントされたという。山口は、井元が最後に送り出した、〝83〟人目のプロ野球選手となる。

だが、22年7月に86歳になった井元が21年8月、静かに高校野球界を去っていたことを知る者は少ない。

「コロナ禍でそうそう出歩けなくなってしまったし、出歩くことがしんどくなってしまった。幸いにして、車の運転はできるんだけど、足腰が弱ってしまってね。もうあちこちに飛び回ることもできないんです。持病もあるし、潮時かなと。未練なんてありません」

この年、世代ナンバーワンと評された風間球打（21年福岡ソフトバンク1位）を擁した明桜は同年夏の甲子園に出場したことで、井元は「お役御免」を自覚したのかもしれない。

風間は井元がスカウトした選手ではなかった。

スカウトの仕事から離れてからも、週末になると中学野球の現場に足を運ぶという。

「それは完全に趣味ですね。甲子園を見るよりも、中学野球の方が面白いんですよ。私がよく足を運ぶチームに素晴らしいキャッチャーがおる。彼の成長を見守るのが楽しみでね。大阪桐蔭の西谷君が声をかけとるらしいです（笑）。その子の進路にタッチしようとは思っていません。もちろん、相談されたら、アドバイスはするだろうけど、彼は私が何者かなんて知らんでしょう」

軟式か、硬式か

全国の有望選手の情報が簡単に手に入る現代とは異なり、井元がＰＬの第一線で活躍していた頃は独自の情報網から連絡が入り、靴底を減らし続けて熱意を伝えた。

スカウティングで苦労した思い出はいくらでもある。とりわけ、「逆転のＰＬ」が代名詞となった１９７８年夏の選手権大会の優勝投手である西田真二《にしだしんじ》（元・広島）を口説き落とすために、和歌山にある西田の実家にはギネス級に日参した。

「同級生の捕手・木戸克彦《きどかつひこ》（元・阪神）にも苦労しましたが、西田に関しては36回目の訪問でようやく決断してくれた。そうそう、3年時に甲子園には出場できませんでしたが、同じ和歌山出身の尾花高夫《おばなたかお》（元・ヤクルト）の時も大変でした。ＰＬから社会人の新日本製鐵堺に進み、その後にヤクルトに入団した彼は、九度山《くどやま》出身だった。高野山に向かう途中の山の中に実家があり、1月の末頃に初めて訪ねた。すると私は道に迷ってしまって、草木を掴みながら山を登ってようやくたどり着いた。こんな山を毎日上り下りして学校に通っているんだから、相当、足腰は強いだろうと思ったことを覚えております」

83年夏から5季連続で甲子園に出場し、プロの世界で大投手、大打者となったＫＫ（桑田真澄、清原和博）や、87年に春夏連覇を達成した立浪和義《たつなみかずよし》（元・中日）や橋本清（元・巨人ほか）、片岡篤史《かたおかあつし》（元・日本ハムほか）、宮本慎也《みやもとしんや》（元・ヤクルト）らも井元のお眼鏡《めがね》に適《かな》った球児だった。また、福留孝介《ふくどめこうすけ》（現・中日）や松井稼頭央《まついかずお》（和夫、元・西武ほか）といった逸材を入学に導いてきた。

当時のＰＬ学園には、硬式、準硬式、軟式の選手たちが集まってきていた。関西圏の中学生は硬式に慣れた選手が多く、硬式野球チームの少ない地方からやってくる選手は、軟式出身者が多かった。

近年の高校野球は金足農業で準優勝した吉田輝星や大船渡の佐々木朗希のように、軟式出身選手の活躍も目立つ。また、2019年のプロ野球の開幕投手は、12球団のうち11球団が軟式出身。ちなみに残った1球団の開幕投手は助っ人外国人。つまり、日本人開幕投手の100%が軟式出身だった。

中学時代の過ごし方として、硬式と軟式、どちらがその後の人生で大成するのか。井元に見解を訊ねた。

「私も最近、考えさせられることが多い。明桜は秋田の高校ですから、金足農業にいた吉田輝星くんの高校時代の活躍はずっと見てきていました。中学校の軟式野球部だと、練習を毎日やりますよね。一方、ボーイズリーグをはじめ硬式野球は土日の練習が中心で、塾に通うような形で野球をしている。硬式の指導者は野球指導の専門家が多いですから、学校の先生が監督を務める軟式よりは、野球のテクニックは学べるかもしれません。ただ、週末だけの練習では、体力が伴わない。だから、ひ弱な選手が硬式には多いような印象は受けます。テクニックは年を重ねていけば覚えていくもの。中学生の年代は、軟式で身体作りを優先的に考えてもいいかもしれません」

少子化の影響もあって、大阪の中学硬式野球は、部員を確保できないチームも多い。その結果、強豪のチームに選手が集まる傾向は強くなっており、全体のチーム数が減少するという悪循環《あくじゅんかん》に陥っている。このあたりは、強豪校に戦力が集中する一方で、連合チームも増加の一途をたどる高校野球に起きている現象に近い。

「親に練習の手伝いをさせるチームが増えたことも、中学硬式野球のチームを減らした要因かもしれない。子どもにとっては、長く練習できるかもしれないけれど、義務づけられたような手伝いを親が嫌って、硬式に入れたがらないんですね」

硬式か、軟式か。どちらが高校での大成につながるかは正解がない。だが、投手の負担を考えれば、重たい硬式球を投げるよりも、柔らかく軽い軟式の方が、中学生年代の肉体には負担は少ないのは確かだという。

「軟式の方が、体の張りは軽減できるでしょう。そうしたことを考えて、小学生の頃は硬式で頑張っていながら、中学から準硬式に切り替わったのが桑田でした」

桑田真澄の中学時代

桑田は小学生の頃にボーイズリーグの大阪・八尾フレンドに所属し、八尾市立大正中学に入学すると、同校の準硬式野球部に所属した。準硬式で使用されるのは、表面は軟式と同じゴムでありながら、中身は硬式とほぼ同じボールだ。

「あの子は利口だから、硬式よりも準硬式の方が肩やヒジの負担が少なく、プロとなり、長く野球を続けるならどちらを選択すべきか、12歳の時点で判断していた。小学生の頃に、ずいぶんとハードな練習を課されたことも、決断に影響を与えていた。合理主義者の彼からしたら、準硬式の方が自分に合っていると思ったのでしょう」

大正中学の野球部には、のちに上宮《うえのみや》（大阪）から南海、そして広島に進んだ西山秀二《にしやましゅうじ》もいて、桑田が3年生になると準硬式の府大会を制した。

桑田は早くからPL学園に入学することを夢見ていた。

「小学5年時の作文では、既にPL学園に行って、甲子園を目指し、さらに早稲田大学から大好きな巨人に入りたいという夢が書かれていました」

桑田のＰＬへの入学に関しても、紆余曲折《うよきょくせつ》があった。最初は、当時の監督である中村《なかむら》順司《じゅんじ》のもとに打診があったという。

本人が入学を希望し、ＰＬ側も受け入れ体制を整えた。相思相愛《そうしそうあい》の関係だった。ところが、桑田が通っていた中学から、桑田以外にふたりの選手を獲ってほしいと依頼された。ＰＬにも受け入れ人数の限度がある。桑田にもチームメイトに対して何やら腑《ふ》に落ちない思いがあった。

中学の関係者に不信を抱いた桑田は、自ら転校を口にする。そうすれば、通っていた中学の要求にＰＬ側が悩まされることもなくなる。しかし、こうした〝裏技〟にはさすがの井元も乗り気ではなかった。

「いくら桑田自身が決めたことであっても、われわれが裏工作して、引き抜いたと世間に思われるのが目に見えていた」

桑田の決意は固かった。別の中学に転校し、小学生時代に籍を置いていた八尾フレンドの練習に参加すると言う。

「そこまでの覚悟があるのなら、受け入れようとなった。桑田には人生の設計図があり、自らの哲学、信念に基づいて行動していた」

井元はまだ、桑田が投げている姿を一度も見ていなかった。初めて見たのは、八尾フレンドと大淀ボーイズの練習試合だった。

「とにかく身体全体を使ったフォームが滑らかで、腕の振りが速く、球の伸びが違った。しかも、ドロップするような縦のカーブまであった。当時、高校野球ではスライダーがもてはやされた時期で、あんなカーブを投げる投手は全国を見渡してもいなかった。練習する姿も見て、〝こんな才能を持った選手がいたのか〟と驚いたものです。彼はいろいろな軋轢《あつれき》を生みながらも、意志を曲げず、ＰＬを選んだ。これは大切にしなければならない才能だと思いました」

ＰＬの時代から大阪桐蔭の時代へ

桑田は当時としては珍しく、自ら「投げない」選択ができる投手だった。ＰＬ入学後も、あれだけ上下関係の厳しい環境にある中で、１年生の頃から肩やヒジに張りがあれば、監督の中村らに「ノースロー調整」を訴えて、了承されていた。それは当時は先進的な考え方で、古き体質のＰＬでは軋轢を生んだはずだ。

だが、30年以上が経過し、ＰＬの野球部が消滅する一方、桑田が取り組んでいた「肩は消耗品」という考え方が浸透し、ついには高校野球の〝常識〟となっている。

そして、「ＫＫコンビ」のもうひとり、清原も井元にとっては思い入れの強い選手だ。

「初めて見た時は引っ張り専門で、とにかく飛距離が印象に残った。私は学習院大学で野球をしていた頃、長嶋茂雄《ながしましげお》さんのバッティングを近くから見たことがある。ミートしてから20メートルぐらいの打球の初速と角度に希有なホームラン打者の才能が詰まっていた。清原のバッティングを見て大学時代の長嶋さんを思い出しました。全国制覇をするようなチームは、その3年前の段階で優勝できると確信できるものです。木戸と西田の時や立浪の時がそうでしたし、ＫＫの時は野球をまったく知らない監督でも優勝できると思っていました」

70年代後半から80年代にかけたＰＬの黄金期、井元が声をかけた球児は必ずと言って良いほどＰＬの門を叩いた。高校野球に一時代を築いたＰＬの井元から声をかけられることは中学生にとって最大の誉《ほま》れであり、甲子園への、そしてプロへの最短の道だった。それは90年代に入ってからも続いた。

井元は度々、若き日の西谷とも中学野球の現場で遭遇した。西谷は井元に対し、スカウティングの極意を訊ねてくることがあったという。

「土下座でも何でもしますから、『先生、どうしたら強くなれますか』『どうやったら欲しい選手を獲れますか』と言ってきましたね。私は『良いと思ったら、熱心にとにかく通うこと。これしかないよ』とだけ伝えました」

しかし、ある時から潮目が変わった。そう井元は振り返る。

「1999年に奈良の郡山《こおりやま》シニアに行くと、175センチのショートと、168センチぐらいのセカンドがいた。どちらもPLへの進学を希望していて、どちらも右投げ左打ちの良い選手だったけれども、ボクはショートの子だけを獲った。その後、セカンドの子は大阪桐蔭に進みました。そして、PLのグラウンドで行われた春季大会で1年生から試合に出ていた彼に再会した。ちょうどお母さんもいらしていて、『先生、うちの息子は今でもPLに憧れていています』と言われたことを覚えています。この選手が誰だかわかりますか？」

PL学園のスカウトだった井元（下、筆者撮影）に対して、大阪桐蔭の西谷（上）はかつて何度も教えを請うたのだという

話の途中から察していた。その選手とは――千葉ロッテや阪神で活躍した西岡剛《にしおかつよし》だ。

「そして、ちょうど西岡の大阪桐蔭入学を境に、PLの時代から大阪桐蔭の時代になっていきました。郡山シニアとPLの付き合いもなくなりました。西岡には申し訳ないことをしたと思っていますが、彼とはプロに入ってからも、付き合いがありました。球場で私を見かけると、いろいろとイタズラしてくるんです。PLに入れなかったことはよほど悔しかったろうけど、その悔しさがあったからプロ野球選手になれた。その思いが彼自身にも強いから、私を慕ってくれているのではないでしょうか」

PL学園では98年春のセンバツをもって、甲子園通算58勝の中村順司が勇退。監督が交代すると、2000年代に入って不祥事が相次ぎ、対外試合禁止などの謹慎処分が幾度も下った。

そうしたPLの暗黒期に、高校野球の盟主の座を大阪桐蔭が奪っていくのである。

「難しい時代です」

西岡が大阪桐蔭の2年生だった2001年7月、夏の大阪大会の組み合わせ抽選会前日のこと。PL学園は部内での暴力事件が発覚し、出場を辞退する。当時の監督である河野《こうの》有道《ありみち》は辞任し、井元も翌年、65歳の定年を迎えて退職するが、事実上、暴力事件の責任を問われ、野球部を追われた形だった。

その後の井元は大阪に暮らしながら、青森山田の野球部顧問となり、近畿圏の選手を東北へ橋渡しする役目を担っていく。

青森山田は井元が在任した12年間で青森県内のいち強豪校から甲子園常連校となり、大阪の羽曳野《はびきの》ボーイズからスカウトした柳田将利《やなぎだまさとし》（05年高校生ドラフト1位で千葉ロッテ入団）は計3回、甲子園に出場した。

しかし、11年12月、同校の野球部の1年生部員が死亡する事件が起き、井元はまたしても不祥事を機に仕事を失うことになる。

PL時代には2年生部員が水死するという悲しい出来事もあった。PLには付き人制度があり、厳しい上下関係を強いられるのは周知だが、井元が在任していた時代にも、日常的に寮内で先輩から後輩への暴力はあったと数々のOBが証言している。

輝かしい甲子園の歴史の一方で、自分が導いたうら若い選手たちがこうした事件に巻き込まれてきた歴史もある。スカウトとして責任を痛感しているのではないか――。6年を超える井元との付き合いのなかで、この話題に触れたことは一度もなかった。井元は慎重に言葉を選びながら、そして自分を戒《いまし》めるように語った。

「当たり前のことだが、PL時代にそういうこと（暴力）をせえと上級生たちに言ったことはありません。むしろ、後輩が野球の指導をしっかり受けられるように、上級生が下級生の面倒をみてあげるために、上級生と下級生を同部屋にしたりしていた。悪い面ばかりが注目されますが、実際、上級生に救われた下級生というのもたくさんいるんです。ところが、いつしか相撲の世界のような付き人制度、徒弟《とてい》制度のようなものになってしまった。子どもたちには、大人が入り込めない世界というのがある。寮生活まで大人が介入してしまえば、プライベートまで完全に大人に管理されることになる。子どもたちの世界というものを大人は認めてやらないといけないと当時のわれわれは考えていた。今から思えば、それが間違いだったのでしょうか。非常に難しい年代です、高校生というのは」

青森山田から秋田の明桜（20年4月よりノースアジア大明桜）に籍を移し、初めて甲子園に出場したのが19年夏だった。当時の2年生エースが山口航輝であり、右肩の亜脱臼によって甲子園での登板はなかったが、翌年のドラフトで千葉ロッテから4位指名を受けて入団した。山口に続き、〝84〟人目の候補もいる。

「山口と同級生で、白鴎大に曽谷龍平《そたにりゅうへい》というのがおる。左で150キロを超えるまでに成長しているらしい。プロのスカウトからも良い報告を受けている。私はプロに行くことが最高の野球人生とは思っていないし、中学生を勧誘する時も、『君ならプロになれる』などと言ったことはない。プロになれなくとも、野球の引退後に社会で活躍してくれればそれが幸せな道ではないですか」

前述したように、スカウトを退いてからも井元は週末になると中学野球の現場に足を運ぶ。

「お気に入りの選手には野球道具を買うてあげたり、グローブをプレゼントしたり。他意はありませんよ。純粋に、野球を頑張る子を応援したいという気持ちだけ。彼らは近所の野球好きのおじいちゃんぐらいに思っとるんじゃないかな（笑）」

甲子園通算58勝を誇る名将・中村順司がPLの表の顔ならば、井元は裏の顔だった。中村も既に勇退し、そして高校野球が新時代を迎えたタイミングで、伝説のスカウトマンも自ら身を引いた。井元の時代のスカウティングは、その健脚《けんきゃく》を使ったものだった。ところが昨今は、インターネット上に有望中学生の情報があふれ、試合映像も簡単に観ることができる時代だ。

井元のやり方は、現代にはアウト・オブ・デイト（時代遅れ）だったのだろうか。

怪物のいない常勝軍団

令和の時代に入り、ＰＬの全盛期のような立場を築くのが大阪桐蔭である。いや突き抜けた強さという点では往時のＰＬを上回るかもしれない。

西谷はＰＬにおける中村と井元の役割を担って常勝軍団を築いてきたとも言える。日本一の回数も、監督としての通算勝利数も、既に西谷が上回ったが、西谷は常々、こう話している。

「ＰＬに追いついたとは今も思えません。ＰＬの実績に比べたら足元も及ばない。記録も記憶も超えることはできない。それがＰＬだと思うんです」

大阪桐蔭には、ひと学年20人という枠の中で、北海道から九州まで有望選手が集まってきている。だがその一方で、大阪桐蔭で「怪物」と呼ばれた選手はいただろうか。最速左腕だった辻内崇伸《つじうちたかのぶ》（元・巨人）にしても、高校通算87本塁打の中田翔《なかたしょう》（現・巨人）にしても、12年に春夏連覇を達成した藤浪晋太郎《ふじなみしんたろう》（現・阪神）にしても根尾昂にしても、怪物と呼ばれていた記憶はない。いつの時代も、チームに同年代の実力選手が揃っていたために、大阪桐蔭では個々人の〝怪物性〟が埋没してしまうのかもしれない。

根尾や藤原恭大《ふじわらきょうた》（現・千葉ロッテ）が春夏連覇を達成した2018年夏、100回目の記念大会で「怪物」の扱いを受けたのは、敗れた金足農業の吉田であった。

改めて振り返ると、この「平成最後の夏の甲子園」は、怪物エースがひとりでマウンドを守り抜くという高校野球ファンが長く愛したスタイルで勝ち上がってきたチームと、ひとりのエースや4番に頼らない圧倒的戦力を揃え、新時代のスタイルで勝ち進んだチームがぶつかり合った決勝だった。

ファンは前者を支持したが、試合は大差で後者が制した。旧時代の象徴とも言える金足農業を、新時代の象徴とも言える大阪桐蔭が下したのだ。時代の変わり目となる大会に相応しい組み合わせの決勝だったのかもしれない。

そして、翌年の「令和最初の夏の甲子園」では、地方大会で「投げない怪物・佐々木朗希」の登板回避騒動が起き、甲子園ではエースひとりに頼らない継投の妙で優勝が決まる大会となった。この流れが止まることは、もはやないだろう。

その一方で、中学生の早い段階から選手を囲い込むようなスカウティングに批判の目を向ける高校野球関係者は少なくない。22年春のセンバツで大阪桐蔭が優勝した直後には、同校が近畿圏はおろか関東からも選手を集めていることを非難する報道があった。

近年はコーチの石田が奔走し、最終的に監督である西谷が勧誘に赴《おもむ》くことが多いが、西谷の選手勧誘のしつこさは、かねて有名だ。是が非でも欲しいと思った選手がいれば、どこであろうが幾度も足を運ぶ。

15年夏に全国制覇を達成した東海大相模のWエースの一角だった吉田凌《よしだりょう》（現・オリックス）によると、東海大相模への進学が決まっていたにもかかわらず、「どうして東海大相模なんだ？」と翻意《ほんい》を促されたという。東海大相模と大阪桐蔭は毎年、夏の地方大会直前に定期戦を組む関係にある。東海大相模を指揮していた門馬敬治は西谷と同学年で、盟友であり戦友であるのに、だ。

私もこうした西谷のなりふり構わぬ勧誘の姿勢には疑問を抱いていた。スカウティングを巡る質問に対して、一度だけ、西谷から強い反発を受けたこともあった。

チャンスは平等

2016年に私は、前年のU－15侍ジャパンのエースだった選手に話を聞く機会があった。中学生当時の知名度で言えば、同級生で大阪桐蔭に進んだ根尾昂や藤原恭大をしのぐ、ビッグネームだった。

彼は西谷から、「4番・一塁で起用したい」と勧誘されたという。投手として甲子園を目指したかった彼は、西谷の誘いを断り、別の強豪私学に入学した。

私は無限大の可能性が広がっている中学生に対し、活躍の場を限定するような勧誘には強い反発を覚えた。まるでプロのスカウトのようで、球児の夢や希望を無視したスカウティングに思えてならなかったのだ。ある時、それを西谷にぶつけると、強い口調でこう返された。

「将来プロを目指すなら野手としての方が伸びしろがあると思い、投手をやりながら野手もやらないかと誘ったのが真実です。私自身、投手としての力は根尾や柿木蓮の方が上だと思っていた。子どもたちに対して、嘘はつきたくないんです」

結局、その選手は投手としても打者としても高校時代に目立った成績・戦績は残せず、甲子園出場は一度も果たせなかった。1年夏からベンチ入りしながらも、最後の夏はふた桁の番号を背負い、敗れた試合は代打でも起用されることなく、高校野球を終えた。

結果だけを見れば、西谷の見立ては正しかったことになる。

惚《ほ》れ込んだ才能が最大限活かせる場所を見出し、長く野球を続けられる道に導いていく。西谷にはそれができる。だからこそ、大阪桐蔭からプロ野球の世界に飛び込んだ選手たちは、高い確率で若い段階から活躍するのである。

もうひとつ、西谷の慧眼《けいがん》ぶりに驚いたのは、22年のセンバツを制した時の捕手・松尾汐恩とのエピソードだ。前述したように、18年のU－15侍ジャパンの捕手だった坂らを差し置き下級生の段階から正捕手となった松尾は、入学時は遊撃手として期待されていた。ところが、西谷が捕手にコンバートする。そのきっかけには思わずうなるしかなかった。西谷は言った。

「松尾が在籍していた中学のチームを視察した時に、正捕手がケガか何かで守ることができず、代わりに松尾が捕手についたことがあったんです。そのことが頭にあって、松尾には捕手に挑戦させました。（現役時代に捕手だった）私はショートを守ることはできませんが、ショートができる松尾なら、キャッチャーもできるのではないかと思いました」

松尾は最上級生となった２０２２年春のセンバツで全国制覇を達成し、打撃でも３番に座ってチャンスに強く、一発も期待できるプロ注目の選手となっている。

西谷はただただ熱意を伝えるために足を運んでいるわけではないのだ。選手の適性を見極め、選手の才能を最も活かせるポジションを考え、さらに数年先の大阪桐蔭を見据えて声をかけている。

そして、入学に導いた選手たちには、横一線の競争を促す。公式戦でベンチ入りするAチームの試合（A戦）とは別に、メンバー外の選手が中心となるBチームの試合（B戦）を、西谷はあえて「育成試合」と呼んでいる。西谷はかつて、こう話していた。

「メンバー争いは、全員にチャンスがある。A戦が遠征などに行っている間、残った選手たちの育成試合を１日２試合組んだり、近隣の学校と平日にナイターで試合をして、野手なら数十打席を保証する。そこから台頭してきたらA戦に起用していきます」

野手の打席数を保証するシステムは、北海道日本ハムから西谷が学んだものだ。

「僕は監督になりたての頃、下手くそな選手は試合に出なくていい。まずは試合に出られる実力まで練習で鍛えてからが競争だと思っていた。ところが、プロの二軍でも所属選手に打席を保証することを知って、目から鱗《うろこ》でした。今はなるべく平等にチャンスを与え、這い上がってきた選手を起用しようという考えです」

頻繁にAとBの入れ替えが行われるものの、両者の間には明確な線引きがされ、B戦に臨むメンバーは甲子園で着るあのユニフォームではなく、セカンドユニフォームで戦う。基本的に監督の西谷はA戦に帯同するため、部長の有友茂史《ありともしげふみ》のほか、石田寿也と橋本翔太郎《はしもとしょうたろう》の両コーチが分担してB戦を率いる。有友は言う。

「私が指揮する場合、基本的にサインは出しません。個人で準備してきたことをいかに実戦の場で発揮できるか。監督とコーチを含めた普段の会話の中で、『この子はA戦で試したい』とか『あの子はもう少しB戦で自信をつけさせたい』と判断しています。現代の子は、試合の結果で自分の力を推し量るんです」

能力の高い選手たちに平等にチャンスを与え、競争意識を煽《あお》り、個々の成長を促す中でチームを編成していく育成システムこそ、高校野球の新時代をリードする大阪桐蔭に芽吹いた伝統なのである。

栄枯盛衰《えいこせいすい》は高校野球の常だ。一時代を築いた強豪校が、突如として消えてしまったり、長く甲子園から遠ざかっているケースはたくさんある。高校野球における大阪桐蔭一強時代が、藤浪晋太郎らが春夏連覇を達成した12年にスタートしたとするならば、同校はこの10年間で7度も全国制覇を遂げている。もちろん、勝負事ゆえ甲子園にたどり着けないことはままあるものの、10年以上にわたって全国の高校の目標にされたチームは過去にない。PL学園ですら、黄金期は1982年春の優勝から、87年の春夏連覇達成ぐらいまでである。

大阪桐蔭に「盛者必衰《じょうしゃひっすい》」の理《ことわり》は当てはまらないのかもしれない。

第7章

令和の時代の甲子園

——2021年以降

私学優勢

大きな歴史の転換点となった2019年夏の全国高等学校野球選手権大会のあと、20年は新型コロナウイルスの感染拡大によって、春夏の甲子園が中止となってしまった。同年春の選抜高等学校野球大会（センバツ）に導入が予定されていた「1週間に500球まで」という球数制限が実際に実施されたのは21年春からだ。これは19年春から導入されたタイブレーク制よりも大きな変革であり、投手を酷使しない戦い方がより加速して全国に広がっていった。

導入以降、ベスト4に勝ち上がった学校は以下の通り。

●2021年春　センバツ
優勝　東海大相模（神奈川）　準優勝　明豊（大分）
ベスト4　天理（奈良）　中京大中京（愛知）

●2021年夏　選手権大会
優勝　智弁和歌山（和歌山）　準優勝　智弁学園（奈良）
ベスト4　近江（滋賀）　京都国際（京都）

●2022年春　センバツ
優勝　大阪桐蔭（大阪）　準優勝　近江（滋賀）
ベスト4　國學院久我山（東京）　浦和学院（埼玉）

2年ぶりの甲子園となった21年春は、関東の雄である東海大相模のエース左腕・石田隼都が決勝までの5試合に登板。投球回は29回3分の1ながら、奪三振数は43（四死球はわずか1）、防御率は0・00だった。球数と投球回数を気にしながら複数の投手を起用して勝ち上がり、同校にとって10年ぶり三度目のセンバツ制覇（夏を含めれば5度目）を遂げた。

〝智弁〟対決となった同年夏は、西村王雅《にしむらおうが》（現・東芝）、小畠一心（現・立教大）という二枚看板で勝ち上がった奈良の智弁学園を、弟分である智弁和歌山が下した。智弁和歌山は19年に高嶋仁体制から中谷仁体制となり、寮を拡大して選手の受け入れ人数を増やして間もなく、3回目の王者となった。

そして、22年春は、1回戦で本塁打が出たのが浦和学院の1本だけという全体的に打撃が低調な中、優勝した大阪桐蔭だけがまるで反発係数の異なるバットを使っているかのように打ちまくり、11本塁打を放って圧勝した（大会を通した全チームの本塁打数は18）。興味深いのは21年夏の智弁和歌山も、22年春の大阪桐蔭も、大会期間中に相手校が新型コロナ感染によって出場を辞退するという、不戦勝を経験していることだ。やはり過密日程の中で行われるトーナメントにあって、1試合でも少ないことは球児のコンディション面において有利に働く。

新時代の高校野球でも、私学優勢は変わらない。いや、むしろ強まっているかもしれない。3大会の上位4校に、公立高校は一校も含まれていない。そして近畿圏の大阪桐蔭や智弁和歌山、智弁学園、関東圏の東海大相模、東海圏の中京大中京といった、中学球児が憧れる高校野球のヒエラルキー上位校がやはりスカウティングだけでなく、甲子園の勝者となっている。

達孝太の登板自粛

球数制限が導入された2021年春のセンバツを象徴する投手が、奈良・天理の達孝太だった。193センチの長身右腕は初戦の宮崎商業戦（3月20日）で161球、2回戦の高崎健康福祉大高崎戦（3月25日）で134球、そして中3日が空いた準々決勝の仙台育英戦（3月29日）で164球を投じていた。一定の登板間隔はあり、球数制限に抵触するわけでもなかったが、やはり1試合あたりの球数はかなり多い。

このまま投げさせ続けるのか――そんな空気が甲子園を包み込んでいた。同じように連投となっていた中京大中京の畔柳亨丞と共に、紫紺《しこん》の大旗の行方よりもドラフト上位候補ふたりの登板可否に話題が集中するという現象が起きていた。そして迎えた3月31日の準決勝・東海大相模戦――。

達はマウンドに上がらなかった。

投げようと思えば投げられた、と達は振り返った。球数制限や前々日に負った左脇腹のケガに関係なく、無理をすれば準決勝のマウンドに上がることも可能だった。でも、投げなかった。

「今だけを見るならぜんぜん投げられるんですけど、一日でも長く野球をすることを考えれば、今日は投げるべきじゃない。メジャーリーガーという目標があるので、そこに行くために今無理して故障してもまったく意味がない。（先発回避は）監督と相談して決めました」

監督の中村良二《なかむらりょうじ》も、この日は登板させる気は微塵もなく、その理由を「脇腹は（こじらせると）やっかいで、将来のある選手ですから」と語った。

メジャーリーガーになる——達からその夢を聞いたのは、遡ること2年前（19年）の秋だった。高校1年生の大言《たいげん》は、なんとも清々しく、私の心にも心地よく響いた。

「将来は、メジャーしか考えていません。できれば高校卒業後、すぐに」

名門校に属する無名の高校1年生が、高卒メジャーの夢を語るとは、時代も大きく変わったと思ったものだ。その日、達は秋季近畿大会の決勝・大阪桐蔭戦に先発。入学以来、公式戦の登板実績はほとんどなく、先発も初めて。大阪桐蔭を相手に8回途中4失点と好投し、天理にとって5年ぶりとなる近畿制覇の立役者となった。

父の助言

彼にプロフィールを訊ねて驚いたのは誕生日だった。2004年3月27日。つまりあと数日、誕生が遅れていたら、1学年下となる早生まれだ。高校生ぐらいまでなら、早生まれの子は同級生にあらゆる面で後れを取りがちで、それがスポーツならなおさらだろう。プロ野球の歴史を振り返っても、早生まれの選手が少ないことは周知だ。

〝ほぼ中学生3年生〟という状態で、マッチ棒のようにひょろひょろの体でも当時、140キロに迫る直球を投げ、加えて手先を器用に使って多種の変化球を投じるところもまた、これから月日（トレーニング）を重ねていけば〝怪物〟に化けていく無限の可能性が感じられた。

父・等《ひとし》の身長は173センチで、母・るみも162センチと、さほど大きくはない。等は私の取材にこう答えた。

「私も家内も、父親が大きいんです。孝太の身長は隔世遺伝《かくせいいでん》だと思います」

他の子に後れをとらないよう、達が生まれた頃から食事にも気を遣い、カルシウムの摂取を目的に離乳食として煮干しをいったものをすり鉢ですりつぶし、おかゆに混ぜて食べさせたという。

「早生まれの影響が出ないように、家内がそのへんは工夫してやってくれました」

等は大阪産業大附属高校の元高校球児で、卒業後は奈良産業大学（現・奈良学園大学）に進学。社会人の「ドウシシャ」（軟式野球チーム）でプレーを続け、引退後は社業に従事しながら同チームの監督も6年間務めた。

長男（孝太）が野球を始めるのは自然の流れだったろう。

「小学校、中学校は楽しくのびのびやればいいと思っていました。本人は小学校の卒業文集に夢はメジャーリーガーと書いていましたけど、思いきり投げて、思いっきり走って、野球を楽しんでくれたらそれだけで良かった。私が難しいことを言うことはありませんでした」

中学時代には硬式野球の泉州阪堺ボーイズに在籍しながら、父と親交のあるＰＬ学園卒の元プロ野球選手・覚前昌也《かくぜんまさや》（元・近鉄）の主宰する野球教室にも通わせた。その教室には、1歳上に結城海斗《ゆうきかいと》という投手がいた。体は達より小さくても、達より速いボールを投げる少年を、達は憧憬《しょうけい》の目で眺めていた。そして、結城は中学卒業と同時に、海を渡ることを決心し、16歳という日本人として史上最年少でカンザスシティ・ロイヤルズとマイナー契約を結ぶ。結城と親しかった達は、プロセスは異なれど彼と同じようにアメリカの大地で野球をしたいという夢を抱いた。

しかし、ボーイズでは控え投手に甘んじ、成長痛などもあって、思うようにプレーができなかった。それでも父として急《せ》かすようなことはなかったという。

「常に『今は無理する時じゃない』と伝えていました。当時は無名でしたが、私から見ても、可能性がある子だとは思っていましたね。私も高校時代には福留孝介がいたＰＬ学園とやりましたし、近畿大会では智弁和歌山とも戦った。奈良産業大学の後輩には山井大介（元・中日）がいましたから、プロになるような選手の身体能力みたいなところは私なりにわかっていたつもりです。まず、息子は体が大きい。高い身長によって角度のついたボールが投げられる。これは投手としてひとつの可能性だし、武器です。体もまだまだひょろひょろでしたから、高校に進学して、体が出来上がってきたら絶対に面白いピッチャーになると思っていました。試合で投げられなくても、後ろ向きな言葉はひとつもかけず、ミスしても怒ることはしなかった。『マウンド上でふて腐れた表情をするな』と、マウンドでの表情だけは注意していました」

今は無理する時じゃない――それは奇《く》しくも、準決勝で敗退後、達が語った言葉である。野球経験者の父のアドバイスを受けて、成長しきっていない肉体で無理を重ねる危険性を、達は中学時代から叩き込まれていた。

そして、「今日は投げるべきじゃない」と、高校生自身が判断を下したことにも、大きな時代の変化を感じずにはいられなかった。その意見に賛同し、登板回避を決めた中村の判断もまた英断だろう。

達はこの年のドラフトにおいて、北海道日本ハムより1位指名を受け、入団を果たしている。

選ばれる理由

２０２２年のセンバツにおいて、浦和学院はエース左腕・宮城誇南《みやぎこなん》の好投によって準決勝まで進出した。しかし、前監督で、父である森士《もりおさむ》のあとを引き継いで1年目となる若き指揮官・森大《もりだい》は、準決勝で宮城を登板させなかった。選手たちにも準々決勝が終わった日の夜のミーティングで「宮城を投げさせない」と伝えていたという。春先からの状態を考慮し、初戦から4戦目となる準決勝の登板を回避させたのだ。

大会当時、32歳だった青年監督の決断に否定的な意見はなかった。準決勝は宮城が登板することなく近江に敗れたが、敗戦の理由として宮城の登板回避が話題になることもなかった。もちろん、代わりに登板した投手陣の責が問われることもなかった。複数の投手を起用しなければ甲子園は勝ち上がれない。エース以外の投手が登板し、結果として決勝進出を逃したのであれば、それまでのチーム力だったということなのだ。

前述したように決勝までの全31試合で計18本の本塁打が飛び出したこの大会で、そのうちの11本が大阪桐蔭の打者が記録したものだ。これはセンバツ史上最多の記録となる。序盤の好カードとなった2戦目の市立和歌山戦では代打で出てきた「12」の控え選手が、ドンピシャのタイミングでライトスタンドに弾丸ライナーで飛び込む一発を放ち、1試合6

本塁打の大会記録を樹立。最後は新2年生の無名投手が試合を締めくくって17対0と大勝した。そして、決勝は手負いのエース・山田陽翔《やまだはると》を擁する近江を相手に、4本塁打を放ち、これまた18対1という圧勝劇だった。

22年のチームは、選手層の分厚さではもしかしたら春夏連覇を達成した18年の世代をしのぐかもしれない。主将の星子天真《ほしこてんま》や中軸を打つ海老根優大《えびねゆうだい》など、小学生の日本代表とも言える「カル・リプケン12歳以下世界少年野球大会」の代表を経験してきたエリートたちが揃う。

私はこれまでU－15侍ジャパンのトライアウトや、タイガースカップに出場した選手に進路を訊ね、大阪桐蔭が張り巡らせるスカウティング網に踏み込んだ記事を執筆してきた。大阪桐蔭に限らず、選手勧誘に力を注ぐ学校にとって、中学生に対する熱心な勧誘は触れられてほしくない話題である。それゆえ、西谷をはじめ、関係者の逆鱗《げきりん》に触れたことも一度や二度ではない。

だが、私は大阪桐蔭のスカウティングを批判するつもりはないし、他のメディアほど嫌悪感を抱いていない。通算九度目の全国制覇となった22年春のセンバツ優勝時、同校は歓喜の瞬間の直後から批判され、近畿圏のみならず関東や九州などからも選手を集めるそのやり方を、ロシアのウクライナ侵攻になぞらえて報じる悪質な記事もあったが、全国の有望選手の目が大阪桐蔭に向くのは自然なことだ。

手厚い選手層を築きたい大阪桐蔭の思惑と、プロ野球選手を毎年のように輩出し、強豪・名門大学への進学実績でも他を圧倒する大阪桐蔭で、切磋琢磨《せっさたくま》して成長したいと考える有望中学生の思惑が合致した結果だ。

中学生を視察して回るコーチの石田は、気になる選手の動向に対するチェックに余念がなく、数年後の勧誘まで視野に入れながら全国を行脚《あんぎゃ》する。そして、最終的には西谷が判断するのだが、西谷の選手の将来性を見極める慧眼ぶりについては前述した通りだ。松尾のエピソードからもわかるように、選手の適性を考え、選手が最も大成するポジションを提示し、入学後は厳しく、徹底的に鍛えていく。西谷の勧誘には、他の学校にあるような「1年生からの出場」「ポジションの確約」といった入学前の〝契約〟は皆無だ。いくら中学時代の金看板を引っ提げようとも、入学したら競争は横一線で、3年生も2年生も、新入生も関係なく、9つのポジションは争われる。

そうして巨大戦艦を築く反面、他の学校ならば確実にエースになるような球児が、背番号を与えられぬまま卒業していく現実があるのも確かだ。そうしたリスクを覚悟しながら、日本一の競争に飛び込む球児たちの心意気は、否定すべきではないだろう。大阪桐蔭は、ここ10年ほどでほんのわずかな退部者しか出ていない。メンバーに入れない選手に対しても、決して腐ることがないように成長を促し、結果的にメンバーには入れなくとも大学や社会人で定位置を掴む指導を施しているからに他ならない。

甲子園実績だけでなく、プロ野球界への輩出実績でも、全国随一だ。だからといって、声をかけた選手が必ず入学するとは限らない。たとえば、22年春のセンバツの決勝の相手であった近江の山田陽翔は、兄は大阪桐蔭の選手であったが、勧誘を断り、地元の私立に進み、21年夏、22年春と、甲子園でも活躍した。

大阪桐蔭には選ばれし球児しか入学できない。だが、同時に大阪桐蔭は中学生に選ばれてもいるのである。大阪桐蔭と中学生球児の思惑が合致してこそ、日本一の戦力は生まれ、高校野球の前時代でも、そして佐々木の登板回避事件を機に大きく変革した高校野球の新時代でも同校は覇者となっている。

私は『投げない怪物』を執筆した19年から続く本書の取材を、西谷に質問をぶつけることで終わらせることにした。

西谷の見た「佐々木の登板回避」

西谷は2019年春に行われた高校日本代表の合宿で実施された座学で選手を前に講演を行い、その後に実施された練習や紅白戦も視察した。その時、佐々木朗希と初めて対面している。

「キャッチボールを見た時には、そんなにすごいなとは思いませんでしたが、ブルペンに入って1球目を見た時に、球速、そして球威に、たまげました。これはすごいな、と。（高卒3年目のシーズン序盤で完全試合を達成したということは）千葉ロッテさんがしっかり育成された。素直にすごいなとやっぱり思いました」

大船渡監督の國保陽平は県立高の監督だ。一方、大阪桐蔭は私立である。佐々木という成長段階にある投手の登板過多問題に直面した時、西谷なら地方大会の決勝で佐々木を「投げさせない」という判断を下せただろうか。

「自分のチームの選手ではないですし、普段から佐々木君がどんな練習をしていたかもわからない。あの決断が良かったのか、悪かったのか。私がどうこう言うことはできません。決勝戦だから、（勝てば）甲子園だからという気持ちはあったとしても、投げさせる・投げさせないは普段の練習を見てきた監督の判断です。監督と選手が下した決断が、そのチームにとってベストだということではないのでしょうか」

複数の投手を育成し、エースに依存しない。そうした戦い方を、西谷はずっと以前から心がけてきた。藤浪晋太郎の時には澤田圭佑《さわだけいすけ》（現・オリックス）という愛媛出身の好投手がいたし、18年には柿木蓮、根尾昂、横川凱という三本柱が揃っていた。そして、22年のチームは川原嗣貴《かわはらしき》や別所孝亮《べっしょこうすけ》という長身右腕が揃う3年生に加え、大阪桐蔭史上最高の投手と思しき前田悠伍《まえだゆうご》という2年生左腕がいる。

西谷は、21年の秋季大阪大会、秋季近畿大会、明治神宮大会、そしてセンバツと、無敗街道の立役者となってきた前田にエースナンバーの「1」を与えていない。下級生だから――という理由は西谷の中にないはずだ。重要な試合にこそ前田を起用し、勝利後は「前田が打たれてからどういうピッチングをするのか、見てみたかった」というコメントを残してきた。

「前田が『1』番ではないのは、一番信頼を置くピッチャーではないからです。だからといって、信頼していないというわけでもありません。夏はどんなピッチャーも打たれます。秋と春とは戦い方が違うんです。秋は1週間に1回ぐらいの試合なのでビンビンに持っていこうと思ったら調整できる。夏は大阪大会だと、1週間で5試合を戦わなければならない時もある。夏の大阪で、毎試合、ビンビンにいけるピッチャーは誰もいない。プロに行ったようなピッチャーでも、そんな簡単じゃない。しぶとさ、打たれ強さというのが夏は求められる。『打倒、大阪桐蔭』というのは、大阪大会の1回戦からひしひしと感じています。そんなに簡単には勝てないですけど、僕らも簡単に負けるつもりもないので。その場その場でどういう戦いができるか」

　私は西谷の口から「エースと心中」というような類の言葉をこれまで聞いたことがない。

「そうですか（笑）。僕らはベンチで、その時、その時で、『エースでいかなければならない』と思う時もあります。ただ、これだけ暑い時代ですので、できるだけたくさんのピッチャーで勝負する方が良いとは思ってチーム作りをしてきました。そういう体制が仕込めなかった時もありますし、仕込めたとしても必ず勝てるわけではありません」

佐々木が決勝登板を回避したことを機に、「エースと心中」が忌避されるようになり、登板過多に神経を注がない監督には厳しい意見が向けられる。

「球数制限がありますし、いろいろなルールがありますから。ピッチャーに対しては、指導者や選手の間で、大きく意識が変わってきたとは思いますね。そもそも、中学校の硬式野球などでは、80球しか投げられないとか、そういう球数制限の中で選手は育ってきています。ですから、いきなり高校に入ってたくさん投げられるかというと、投げられない子が多いです。今年のセンバツを見ても、複数の投手で勝ち上がるチームがあった。『あ、エースじゃないのか』と思うこともありました。繰り返しになりますが、高校野球が昔とは感覚が変わって来ていますね」

ケガのリスクを鑑み、選手の未来を守ることを念頭に置いた育成が、現代の監督には求められる。

「私は以前から考えているつもりでしたけど、世の中にそういう考えが浸透しているのは間違いないですし、世の中の風潮として投げすぎを問題視する意識は強まっている。『1

週間に500球以内』という数字が、本当に正しいのか私にはわからないですけど、大阪桐蔭の選手に対しては、私らの物差しがありますし、3年生と2年生とでは（チーム内で課すべき）制限は違いますし、それが1年生ならばもっと違う。同じ100球を投げるにしても、身体への負担は学年によって異なります。毎日の練習の中で、物差しで測りながら、『もうちょっと投げられるようにこの一ヶ月をかけて準備しようか』とか、『まだまだケガあがりだから、投球数を抑えよう』とか、そういう会話は今に限らず、昔からやってきました」

時代が大阪桐蔭のチーム作りに、西谷の考え方に追いついてきた。そういうことなのかもしれない。

21年秋の明治神宮大会を同校として初めて制し、22年のセンバツでも優勝した大阪桐蔭は、続いて春の大阪大会を勝ち抜き、近畿大会も決勝に進出した。同校にとって三度目となる春夏連覇に加え、ここまで公式戦29戦無敗で、同校史上初の4冠（明治神宮大会、センバツ、選手権大会、国民体育大会）も視野に入ってきていた。

近畿大会決勝の相手は、前年夏の王者である智弁和歌山であった。

監督の中谷はタイプの異なる4投手を小刻みに起用し、大阪桐蔭打線の目先を変えようとしていた。

先発は「20」を背負ったスリークオーターの腕の位置から投げる軟投派左腕だった。3対2とリードした4回裏からは、本職は一塁手と思しき背番号「3」の右投手がマウンドに上がり、5回には「11」を背負ったオーバーハンドの左腕が登板。そして6回からマウンドに上がった右の豪腕・武元一輝《たけもといつき》が4イニングを0点に抑えて逃げ切った。左、右、左、右とタイプのまるで異なる投手を起用し、エース番号を背負った投手は登板しなかった。反対に大阪桐蔭は前田が3失点完投し、打線は9安打を放ちながら、2点しか奪えなかった。中谷と智弁和歌山の策略にはまった形だ。

高校野球の新時代に、横綱・大阪桐蔭を相手にする際、こういう戦法を用いる学校も増えていくのではないか。敗軍の将となった西谷に対し、最後にそうぶつけた。

「それは間違いなく、増えてくるでしょうね……。どんなピッチャーが来ても対応できるようなチーム作りをしなければなりません。これから検証して、また明日から頑張ります。新チームになってから、一度も負けていないということで、『勝って反省』を繰り返して来た。負けて学ぶこともある。それをしっかり夏に活かしたいですね」

高校野球界に君臨する絶対王者に対し、智弁和歌山は常識を度外視するような新たな戦術で立ち向かい、大阪桐蔭の連勝を止めた。これだから高校野球は面白いのだ。

エピローグ　あの岩手大会決勝から3年

朗希たちの夢を壊してしまった

大東文化大学の3年生になる柴田貴広が着ている臙脂《えんじ》色のTシャツには、「ＯＦＵＮＡＴＯ」の7文字が印字されていた。こちらが指定したわけでもないのに、同大の硬式野球部に所属する柴田貴広は、高校時代の練習着で取材に応じた。

「さっき練習を終えて、着替えたばかりなんですけど、このTシャツが着やすくて気に入っているんです」

ちょうど3年前、２０１９年夏の岩手大会を戦った大船渡のメンバーの中でも、誰より話を聞きたい選手が柴田だった。右サイドハンドの変則投手。背番号「12」を背負った柴田は、当時の野球部内で5番手に位置づけられる実力ながら、岩手大会の決勝に登板しなかった佐々木朗希の代わりにマウンドに上がった。2対12と大敗した試合後、彼が発した一言が、忘れられない。

「朗希たちの夢を壊してしまって、申し訳ない」

朗希たちの夢とはつまり、大船渡高校にとって実に35年ぶりとなる甲子園出場だ。だが、朗希たちの夢はつまり、柴田の夢でもあったはずだ。なぜあんな言葉を発したのか。その真意を訊ねたかった。

「試合が終わって、『今のお気持ちは？』と記者の方に質問されて、その言葉がパッと出ました。そこまで深く考えて答えたわけじゃないですけど、3年間一緒にやってきた仲間はみんな必死に練習をして、いろんな苦しい思いを味わっていた。そのみんなの苦労が報われなかったわけですから……」

突如として岩手大会決勝の主役となった柴田は、敗戦投手となってから3年の日々を、いかなる思いを抱えて過ごしてきたのか。

あの日の朝、決勝の舞台となる岩手県営野球場に行く前に、大船渡は盛岡大附属高校で最後の調整を行った。國保が持ち込んでいたスターティングオーダーを伝えるA4サイズのボードの投手欄に、柴田は自分の名前を見つけた。まずは驚きが勝った。もうこの最後の夏は登板できないことを覚悟していたからだ。次に襲ってきたのは戸惑いだった。

「自分が予想していたこととも、みんなが予想していたこととも違うので……。正直、『自分で良いのか』と思いました。朗希が投げた方が、自分が投げるよりも勝つ可能性は当然大きいですし、みんなも驚いていましたから。でも、せっかく投げられるチャンスをいただいたのだから、必死に頑張ろうという気持ちになりました。あの時点では、（試合の途中から）朗希が投げるかもしれないと思っていたので、朗希までの『つなぎ役』としてできることをやろう、と。ただ不安はありました。大会中に一度も登板がなかったし、正直、練習でもあまり投げられず、調子悪いなと感じていたので」

大会期間中に「肩やヒジの状態はどうだ？」と國保からそう声をかけられたことはあっても、決勝での登板の可能性を告げられることは一度もなかった。試合前も、「気負わず、いつも通りに」と声をかけられただけだった。もうちょっと早くに登板を伝えてくれていたら心と体の準備ができたのに——そうした思いは巡って当然だろう。

「はい、ずっとそう思っていました。だけど、だんだんと時が経つにつれて、僕に気負わせないようにむしろ気を遣ってくださっていたんじゃないかなと思うようになりました。國保先生は、常に選手側に立って、指導してくださっていたので」

だが、試合前の時点で、動揺は他の選手に広がっていた。11年の東日本大震災後、母校である大船渡の外部コーチを務めてきた新沼丞が県営球場に到着すると、ある選手が駆け寄って来た。

「丞さん、今日の先発が誰だかご存じですか」

その選手は、先発が柴田であることが信じられない様子だった。

國保から先発投手を告げられていた新沼は「頑張るしかないやろ」と言うことしかできなかった。

「朗希が先発しないことは、選手たちも納得していた。一方で、チームとして花巻東に勝ちに行く姿勢は、監督の采配からは感じられなかった。選手のみならず大船渡の人たち、とりわけ選手の親たちは、あなたが『投げない怪物』に書いた意見と同じだった」

つまり、端から勝負を諦めたような采配だと受け取っていた。

春先から報道陣が殺到し、地元の期待と注目も大きかった。喧騒の中にあって、國保は警戒心を強めていったと新沼は振り返った。

「(米国の大物代理人である)スコット・ボラスも朗希と接触しようとしたぐらい、大きな注目を集めていた。地元のおじいちゃんやおばあちゃんも練習の見学にやってきていた。そういう外部の人を見かけると、不審者ではないかと國保さんは疑っていた。知らない人間には極端に警戒心を抱くタイプだと思います」

チームの要である捕手の及川恵介にとっても、大黒柱の登板回避は想定していなかった。

「投げないとは思っていなかった。ビックリしたというのが本心です。僕としては投げてほしかったし、朗希としても投げたかったはずです。もし朗希が投げていたら、勝算ももっと高かったと思います」

及川にも事前に相談はなかった。

「確かに事前の説明はなかったというか、足りなかったと思いますし、投げるにしても、2番手、3番手の他のピッチャーかなと思った。國保先生の考えをもう少し知りたかったというのは、自分だけじゃなく、他の選手も思っているはずです」

佐々木と共に、打線の中心選手だったのが外野手の木下大洋だ。木下はあの日の試合後、國保への不満を誰より口にしていた。

「そうですね……。先発じゃないにしても、どこかで投げさせると思っていた。試合中、『なぜなんだ』という気持ちでした。あの時点で、北海道日本ハムが1位指名を既に公言していましたよね。つまり、プロに行くことは決まっていた。朗希以外の選手というのは、甲子園に行くか行かないかで、大学が決まるとか、野球を続けられるとか、天と地ほどの差があった。僕らの中で、甲子園に行くことが一番大きな目標だったわけですから、朗希の身体も大事だけど、自分たちの夢も大事だろ、とは夏の大会が終わってしばらくは思っていました。でも、プロで完全試合を達成して活躍する姿を見ると、あれが正解だったんだって思いますよね（笑）」

当事者の言葉を拾っていくと、あの日、戸惑いながらもマウンドに上がってピッチングに無我夢中だった柴田と、「なぜ朗希は投げないのか」という國保に対する不信を抱いていた他の選手たちの意識が浮かび上がってくる。

まさかあいつが投げるのか

プレイボールを前に、球場は異様な雰囲気に包まれていた。どうして「令和の怪物」は投げないのか。盛り上がりが頂点に達していたというよりは、不穏な空気という表現が近かった。

先発の柴田の耳には外野の声が入ってきていた。外野というのは、仲間の外野手ではなく、スタンドの同級生や一般客だ。

「キャッチボールの段階から、朗希が投げていなかったので、ブルペンに自分が入ると、『まさかあいつが投げるのか』みたいな声が、野球部ではない同級生や一般のお客さんから聞こえてきたんです。キャッチャーの（及川）恵介から『せっかく投げられるんだから、自信を持って投げてこい』と言われて、僕自身は気にしないようにしました」

試合の直前に先発を告げられたのだから、花巻東打線の研究も十分ではなかっただろう。左打者の多い花巻東打線に対して、右横投げ投手は腕の出所が見やすいために柴田も苦心したのではないか。

「それまでの花巻東との練習試合では数イニングを投げたぐらいでした。もちろん、決勝を前にビデオを観たりしていましたが、実際に対戦して、花巻東の打線は、いやらしさがあった。（同じく県内の強豪私立である）盛岡大附属とは違って、あまり振ってこないというか、ヒットを狙うというより、出塁することを第一に考えるような打線でした。バントの構えをしたり、スリーボールになると一度、打席を外してみたり。特に左打者はカットを心がけたり、小技を使ったり。とにかくそういうところが鍛えられていました」

初回、柴田は先頭打者に三塁打を打たれ、自身の悪送球などもあって2失点。2回、3回にもそれぞれ1点を奪われた。

「イニングの合間に、朗希と（及川）恵介の3人で話すこともありました。朗希には自分のボールにタイミングが合っている花巻東のバッターが限られているように映っていたようで、『球速はないんだから、コースをしっかりついて、打たせていこう』『高さだけを気をつけよう』と言ってくれていました。ただ、自分としては正直、3〜4回ぐらいで、『通用しないな』と思いました。通用しないというか、今の自分じゃ（花巻東打線を抑えるのは）無理だと思いました。（和田）吟太とかが投げるのかなと思っていたんですけど、監督さんは自分を引っ張ってくれた。『まだまだ通用する』と、勝利への糸口があると思ってくれているんだと自分に言い聞かせて投げていた。でもやっぱり、投げられる嬉しさはあっても、チームの勝利のためには代えてもらった方が良かったかなとは思います」

國保は柴田を6回までマウンドに送り続けた。7回の頭から2年生の前川真斗がマウンドに上がったが、その時点で試合は1対9。大勢は決していた。

「僕自身も甲子園という夢を絶たれたという現実は受け止められなかったんですけど、あいう状況でマウンドを前川に渡したことが何より申し訳なかった。球場全体が、花巻東が優勝するようなムードになっていたから、前川も投げづらかったと思います。それに……試合が終わったあと、あいつ（前川）も責任を痛感している様子でした。下級生に嫌な思いをさせて、責任を感じさせてしまったことが本当に申し訳なかった」

大船渡のメンバーの多くは、Kボールを使った地域選抜であるオール気仙のチームメイトだ。そこで141キロを記録した佐々木と共に公立の大船渡に入学し、甲子園を目指そうとした。沿岸部に育ったそういう仲間たちの中にあって、柴田はオール気仙のメンバーではなかった。

「一応、応募はしたんですけど、選ばれませんでした。だから朗希が大船渡に行くことも知らなかったんです。僕は（大船渡第一中学だった）朗希とは違う綾里中学校に通っていたんですけど、当時から朗希は地元で有名でした。僕らのチームは弱かったので、大船渡第一中学と対戦しても、朗希が投げることはなかった。ファーストを守っていて、めちゃくちゃ打っていたことを覚えています」

消えない懐疑心

國保は大会の前から、部長の吉田小百合らには「柴田のような変則投手が、私学には通用する」というようなことを話していた。コーチだった新沼丞には、大会が始まって間もない時期に、決勝で柴田を起用する可能性を國保はほのめかしていた。新沼は冗談だと受け流していたが、決勝の日のオーダーを知り、本気だったことを知る。

花巻東に対する柴田の先発は、國保にとっては奇策ではなく、大会前から脳裏にあった策だった。勝負を諦めていたわけではなかったのだ。柴田は言う。

「そうした國保先生の意図はわかっていました。大会前にも、強豪私立との練習試合で投げさせてもらっていたので」

かくして勝負は決した。柴田は6回を投げて、被安打6（与四死球4）、9失点で降板し、7回からマウンドに上がった前川も3失点。打線は花巻東の10本を上回る11安打をマークしたものの、2点しか奪えず。2対12と大敗した。

3年の時を経て決勝のスタッツを見ると、当時、抱いていた印象ほど、柴田が打ち込まれていたわけではないことに気付く。佐々木が一球も投げなかった衝撃があまりに大きかったために、柴田の実際のピッチングは脳内から消え去り、勝手にめった打ちにあったように記憶していたのだ。被安打の数だけを見れば、柴田はむしろ好投したと言っていい。

部長の吉田は、「（佐々木以外の）他の投手が投げていたら、もっと点差は開いていたかもしれない」と振り返った。

試合後は、佐々木の登板回避の是非を巡り、賛否両論が渦巻いた。そして、学校には抗議の電話が殺到し、國保に対する殺害予告のような手紙も届いた。國保に対する誹謗《ひぼう》中傷《ちゅうしょう》の責任すら、柴田は感じていた。

「張本《はりもと》（勲《いさお》）さんとダルビッシュ（有）さんの（テレビやSNSを介した）口論があっ

たり、いろいろな批判記事があった。自分が投げて、抑えて、勝っていればあんな騒動は起きなかった。自分が投げて負けたせいで、そうした意見が生まれたというか、國保先生一点に、誹謗中傷が向かってしまった。そこは國保先生に申し訳ないと思っています」

試合終了の直後には、國保に対して野次も飛んでいた。そうした汚い言葉が高校生であった柴田に向けられることはなかったものの、小さな港町を歩けば決勝の話題を話す市民の声も耳に入ってきた。

「気にしないようにはしていたんです。だけど、（大船渡に拠点を置くスーパーマーケットの）マイヤに行くと、地元の方が『あいつじゃ無理だったよな』みたいなことを話していた。そういう言葉を聞くと、3年間やってきたことが無駄ではないだろうけど〝いったい何だったんだよ〟という思いは巡りますよね。決勝で点を取られた可哀想なヤツだと思われていた。でも、國保先生はあの騒動の中でも、『周りからいろいろと言われたりしていないか』などと気にかけてくれていたし、学校の先生方が守ってくれました」

もし柴田が先発せず、佐々木朗希が登板していたならば起こり得なかった誹謗中傷だった。佐々木に次ぐ和田、大和田といった投手が試合中からブルペンに入って戦う姿勢を國保が示せていたら、やはりここまで個人が攻撃されることはなかったかもしれない。

恩師である國保を恨むような気持ちは、柴田に芽生えることはなかったのだろうか。

「恨むことはなかったです。やっぱり、投げさせてもらったことに感謝しています。でも、他の選手は違うかもしれない。試合が終わって数日、いや1ヶ月ぐらいは、野球部のメンバーと話をする中で、『やっぱり朗希を投げさせるべきだったんじゃないか』という意見はありましたから」

やはり、大船渡のナインの中には、國保に対する懐疑《かいぎ》は強く残っていたのだ。

ナインのその後

國保の決断について、私には佐々木の将来と、大船渡ナインの夢を天秤にかけ、前者を選んだような采配に映った。佐々木を登板させないにしても、なぜチーム内で5番手の実力の柴田だったのか。「5番手」という位置づけは、あくまで取材を続けてきた私なりの結論だったが、それを記事に書くと、一取材者がどうしてチーム内の序列をつけられるのか、という批判も寄せられた。確かにそれは一理あるだろう。柴田に詫びた。

「朗希がいて、（和田）吟太がいて、（大和田）健人がいて、２年生の前川にしても自分が勝っているかというと、左の前川の方が試合の中で使いどころがある。正直、自分でも一番下の実力かなと思っていました」

佐々木は仲間との夢よりも、自分の将来が優先されたという負い目を抱えたまま、プロの世界に飛び込むことになった。

「もし朗希がそう思っているのなら、そんなことを思う必要はない。朗希は甲子園に行こうが行くまいが、プロに行く存在だった。朗希の長い野球人生を考えると、高校野球は通過点でしかない。だからといって、甲子園を朗希も僕らも諦めていたわけじゃなかった。朗希なしで勝てる術を考えた末に、國保監督は自分を使ってくれたと思っている。朗希のためだけの采配をしたとは自分は思っていない。他の選手がどう思っているかは聞けないし、わからないところですが」

野球はこれで終わり。大会後は、そんな心境になった。

「やめたいというより、やる気力が出ませんでした。こんな思いをするのなら、やるべきじゃないのかな、と。でも、朗希が高校日本代表で楽しそうに野球をやっていて、後輩たちも、公式戦の応援に行くとめちゃくちゃ楽しそうに野球をやっていた。その姿を見て、大学でも野球を続けたくなりました、決勝をああいう形で終わって、やりきれない、不完全燃焼感があった。セレクションなどはほとんど終わっていた時期でしたが、國保先生や担任の先生と相談し、行ける大学があるならそこで野球を続けようと。それが大東文化大学でした」

柴田には、忘れられない國保の言葉がある。ある時、國保が部員を集めて佐々木の将来について口にしたことがあった。

「先生も朗希はプロに行く存在だと話して、『プロは身体を壊したら終わりの世界。だからケガを避け、身体を大事にしないといけない』と力説された。それはみんなわかっていたことだけど、ケガしない身体を作る大切さと、世間における朗希の価値を再認識しました」

ケガを理由に野球を離れることだけは避けなければならない——米国・独立リーグ時代に教わったことを、國保は教え子たちに伝えていた。柴田が続ける。

「高校で甲子園に行けなかったからこそ、大学で大学選手権や明治神宮大会を目指す。それが大学でも野球を続けた一番の理由です。小中高と、僕は一番になった経験がない。一番になってみたいんです」

これもまた國保の教えかもしれない。

國保は、教え子たちの卒業後について、私にこう話していたことがある。

「野球を続けるから良い、辞めたら悪いということではありませんが、大学生なら神宮球場で開催される全国大会を目指す。社会人野球なら都市対抗、クラブチームならクラブ選手権。そして、プロに進んだら日本シリーズ、ワールドシリーズを目指す。野球を続けている限り、身を置く世界の頂点を目指すのは素晴らしいことだと思います」

自分の限界を自ら設定しない——そういう國保の教えを柴田は実践している。そして、柴田は22年春のリーグ戦で、入学後初めてベンチ入りを果たした。真っ先に連絡したのが國保だった。

「大学の入学からずっと、リーグ戦の前には連絡をいただいて、『ベンチに入れそうか？』心配してくださっていた。だからちゃんと報告したかったんです」

東北学院大学に進んだ捕手の及川は、大学生となって1年間は野球から離れていた。しかし、2年春に思い立ち、硬式野球部に入部した。翌22年の春のリーグ戦でのベンチ入りを目指していた4月10日、同じ高田小学校で3年生から野球を始めた仲間がプロの舞台で完全試合を達成した。練習で忙しく、快挙の報は携帯電話のニュースで確認した。

「単純に驚きました。ひとりのファンとして、嬉しかった。あの日の試合だけではありませんが、球速も上がっていて、フォークボールの落差も大きい。オフに一緒に練習する機会もありましたが、遠投をやるにしても、常に強いボールを投げてくる。成長したというより、すごい実力だな、と思います」

岩手大会の決勝を終えた時、「朗希が投げていたら勝算は高かった」と及川は振り返った。こうして完全試合を達成し、辛い判断を強いられた國保や、投げられなかった佐々木や、エースを欠いて戦ったすべての部員が報われた。そう、及川は思っている。

「高校時代の朗希は、投げすぎると『酷使だ』と言われたり、球数だけで判断されて批判された。國保先生も、朗希も大変だと思っていました。あの日の國保先生の判断は正しかったと今は思っています。完全試合を達成したからじゃない。一軍で活躍を始めた昨年も、いや、入団した時から思っています」

佐々木が完全試合を達成してから数週間後、及川は初めてリーグ戦のベンチに入った。スタメンでは出場できなくても、イニング間の投球練習やベンチからの声でチームをサポートしている。

関西の名門・同志社大に進み、硬式野球部に入部している木下大洋とは、わかさスタジアム京都で行われた関西学生野球の春季リーグ戦で、再会を果たせた。木下はスーツ姿で現れた。22年の春から木下は、学生コーチに就任したという。

「腰をケガしてしまったんです。選手生命にかかわるようなケガではなかったんですけど、監督から『学生コーチをやってみないか』と誘われて。両親からは『それも人生経験だ』と後押しされた。僕自身も野球を教えることには興味があった。そこは抵抗なく受け入れました」

國保は岩手大会の決勝を前に、佐々木だけでなく、他の選手にもほとんど説明することなく独断で決めた。それに対して、選手たちの心中には少なからず反発があった。だが、國保は私のインタビューでその理由についてこう話していた。

「朗希本人に相談したら、『投げたいです』と言うのは明らかだった。野手に伝えたら、

『僕らが朗希をサポートするので、投げさせてやってください』と言うに決まっています。一言でも彼らに相談したら、（佐々木の登板を）止められなくなると思いました」

ナインに説明しなかった理由を、國保はナインに明かしていない。あの決勝の前も、騒動となった後も。だからこそ、國保の真意を木下は私の記事で知った。

「國保先生がそんな風に考えているとは知らなかった。こみ上げてくるものがありました」

木下は教職課程を受けていないために、教師になるつもりはないという。しかし、野球指導者を目指す決断の背景に、國保の存在や、あの日の決断の影響はないのだろうか。

「それはどうでしょうか（笑）。國保先生は、普段の練習から選手にメニューを組ませて、とにかく自主性を大切にする人だった。それがあの日の決断にもつながっているんじゃないかなと思います。そういうところは見習いたいです」

エースを投げさせない──。19年夏の岩手大会決勝の國保の決断は正しかったのか。その答えは、佐々木の完全試合という偉業だけでなく、あの日、グラウンドに立った選手たちのその後の人生が、物語っているだろう。國保は日本の高校野球に大きな爪跡を残したが、だからといってそれは、甲子園の夢が破れた大船渡ナインの傷跡ではなかった。

柳川悠二［やながわ・ゆうじ］

1976年、宮崎県都城市生まれ。ノンフィクションライター。法政大学在学中からスポーツ取材を開始し、2000年シドニー五輪から2021年東京五輪まで夏季五輪6大会を現地で取材する。高校野球の取材は2005年から。以降、春夏の甲子園取材をライフワークとする。主にスポーツ総合誌、週刊誌に記事を寄稿。著書に『永遠のＰＬ学園』（小学館文庫）。2016年、同作で第23回小学館ノンフィクション大賞を受賞している。

写真：藤岡雅樹
編集：濱田顕司

甲子園と令和の怪物

二〇二二年　八月六日　初版第一刷発行

著者　柳川悠二
発行人　鈴木崇司
発行所　株式会社小学館
〒一〇一－八〇〇一　東京都千代田区一ツ橋二ノ三ノ一
電話　編集：〇三－三二三〇－五九六一
　　　販売：〇三－五二八一－三五五五
印刷・製本　中央精版印刷株式会社

Printed in Japan ISBN978-4-09-825429-3